# O ESCAFANDRO E A BORBOLETA

JEAN-DOMINIQUE BAUBY

# O ESCAFANDRO E A BORBOLETA

Tradução
IVONE CASTILHO BENEDETTI

SÃO PAULO 2018

Esta obra foi publicada originalmente em francês com o título
*Le Scaphandre et Le Papillon*, por Robert Laffont, Paris, em 1997
Copyright © Éditions Robert Laffont, S.A., Paris, 1997
Copyright © 1997, Livraria Martins Fontes Editora Ltda.,
Copyright © 2014, Editora WMF Martins Fontes Ltda.,
São Paulo, para a presente edição.

1ª edição 1997
3ª edição 2014
2ª tiragem 2018

Tradução
IVONE CASTILHO BENEDETTI

Acompanhamento editorial
*Luzia Aparecida dos Santos*
Revisão gráfica
*Renato da Rocha Carlos*
Edição de arte
*Katia Harumi Terasaka*
Produção gráfica
*Geraldo Alves*
Paginação
*Studio 3 Desenvolvimento Editorial*

Dados Internacionais de Catalogação na Publicação (CIP)
(Câmara Brasileira do Livro, SP, Brasil)

Bauby, Jean-Dominique, 1952-1997.
   O escafandro e a borboleta / Jean-Dominique Bauby ; tradução Ivone C. Benedetti. – 3ª ed. – São Paulo : Editora WMF Martins Fontes, 2014.

Título original: Le scaphandre et le papillon
ISBN 978-85-7827-914-1

1. Bauby, Jean-Dominique, 1952- 2. Distúrbios cerebrovasculares – Pacientes – Biografia I. Título.

14-11845                                          CDD-920.961681

Índices para catálogo sistemático:
1. Acidentes vasculares cerebrais : Pacientes :
   Biografia   920.961681
2. Pacientes : Acidentes vasculares cerebrais :
   Biografia   920.961681

*Todos os direitos desta edição reservados à*
**Editora WMF Martins Fontes Ltda.**
*Rua Prof. Laerte Ramos de Carvalho, 133  01325.030 São Paulo SP Brasil*
*Tel. (11) 3293.8150 Fax (11) 3101.1042*
*e-mail: info@wmfmartinsfontes.com.br  http://www.wmfmartinsfontes.com.br*

## ÍNDICE

*Prólogo* .................................................... 9

A cadeira ................................................ 13
A prece ................................................... 17
O banho .................................................. 21
O alfabeto ............................................... 25
A imperatriz ............................................ 29
Cinecittà ................................................. 33
Os turistas .............................................. 37
O salame ................................................. 41
O anjo da guarda ..................................... 45
A fotografia ............................................. 49
Outra coincidência ................................... 53
O sonho .................................................. 55
A voz em "off" ......................................... 59
Dia de sorte ............................................ 63
O rastro da serpente ................................ 65
A cortina ................................................ 75

| | |
|---|---|
| Paris | 81 |
| O legume | 83 |
| O passeio | 87 |
| Vinte a um | 91 |
| Caça ao pato | 97 |
| Domingo | 99 |
| As mocinhas de Hong Kong | 103 |
| A mensagem | 107 |
| No museu Grévin | 109 |
| O fanfarrão | 113 |
| "A day in the life" | 117 |
| A volta | 125 |

*Para Théophile e Céleste,*
*com os desejos de muitas borboletas.*

*Quero expressar minha gratidão a Claude Mendibil, cujo papel primordial na realização deste livro será compreendido por quantos lerem suas páginas.*

PRÓLOGO

Por trás da cortina de tecido rendado a claridade leitosa anuncia que a manhãzinha vem chegando. Meus calcanhares doem, minha cabeça é uma bigorna, e meu corpo está encerrado numa espécie de escafandro. Devagarinho, meu quarto vai saindo da penumbra. Olho detidamente as fotos dos entes queridos, os desenhos das crianças, os cartazes, o pequeno ciclista em folha de flandres, enviado por um amigo às vésperas da Paris-Roubaix, e a trave que coroa o leito onde me encontro incrustado há seis meses, como um bernardo-eremita em seu rochedo.

Não preciso pensar muito tempo para saber onde estou e lembrar que minha vida deu uma guinada no dia 8 de dezembro do ano passado, uma sexta-feira.

Até então, nunca tinha ouvido falar em tronco encefálico. Naquele dia descobri de chapa essa peça mestra do nosso computador de bordo, passagem obrigatória entre o encéfalo e as terminações nervosas, quando um acidente vascular cerebral pôs o tal tronco fora do circuito. Antes, davam a isso o nome de "congestão cerebral", e a gente morria, pura e simplesmente. O progresso das técnicas de reanimação sofisticou a punição. Escapamos, mas "brindados" por aquilo que a medicina anglo-saxônica batizou com justiça de *locked-in syndrome*: paralisado dos pés à cabeça, o paciente fica trancado no interior de si mesmo com o espírito intacto, tendo os batimentos de sua pálpebra esquerda como único meio de comunicação.

Evidentemente, o principal interessado é o último que fica a par desse indulto. Quanto a mim, tive direito a vinte dias de coma e a algumas semanas de brumas antes de perceber realmente a extensão dos estragos. Foi só no fim de janeiro que emergi de fato neste quarto 119 do Hospital de Berck, à beira-mar, onde penetram agora os primeiros clarões da aurora.

Vai ser uma manhã comum. Às sete horas, o carrilhão da capela recomeça a marcar a fuga do tempo, de quinze em quinze minutos. Depois da trégua da noite, meus brônquios obstruídos recomeçam a roncar ruidosamente. Crispadas sobre o lençol amarelo, minhas mãos me fazem sofrer, sem que eu consiga determinar se estão queimando ou enregeladas. Para combater a ancilose, ponho em ação um movimento reflexo de estiramento que move braços e pernas em alguns milímetros. Isso às vezes basta para aliviar um membro dolorido.

O escafandro já não oprime tanto, e o espírito pode vaguear como borboleta. Há tanta coisa para fazer. Pode-se voar pelo espaço ou pelo tempo, partir para a Terra do Fogo ou para a corte do rei Midas.

Pode-se visitar a mulher amada, resvalar para junto dela e acariciar-lhe o rosto ainda adormecido. Construir castelos de vento, conquistar o Velocino de Ouro, descobrir a Atlântida, realizar os sonhos da infância e as fantasias da idade adulta.

Chega de dispersão. Preciso compor o início destes cadernos de viagem imóvel e estar pronto para quando o enviado de meu editor vier tomar o ditado, letra por letra. Na minha mente, remoo dez vezes cada frase, elimino uma palavra, junto um adjetivo e decoro meu texto, parágrafo após parágrafo.

Sete e meia. A enfermeira de plantão interrompe o curso de meus pensamentos. Segundo um ritual bem preciso, ela abre a cortina, verifica traqueotomia e gotejamento, e liga o televisor para que eu veja o noticiário. Por enquanto, um desenho animado conta a história do sapo mais veloz do Oeste. E se eu formulasse o desejo de ser transformado em sapo?

## A CADEIRA

Nunca tinha visto tanto avental branco neste meu quarto tão pequeno. Enfermeiras, auxiliares de enfermagem, fisioterapeuta, psicóloga, ergoterapeuta, neurologista, internos e até o chefão do setor, todo o hospital se deslocara para a ocasião. Quando entraram empurrando o engenho até minha cama, achei que um novo locatário viria tomar posse do local. Instalado em Berck havia algumas semanas, a cada dia eu abordava um pouco mais a periferia da consciência, mas não imaginava que relação poderia existir entre mim e uma cadeira de rodas.

Ninguém ainda me pintara um quadro exato da situação, e, a partir de pedaços de conversas pescados aqui e ali, eu forjara a certeza de que logo recobraria fala e movimentos.

Meu espírito mundeiro até fazia mil projetos: um romance, viagens, uma peça de teatro e a comercialização de um coquetel de frutas de minha invenção. Não me peçam a receita, que esqueci. Logo em seguida me vestiram. "Ajuda a levantar o moral", disse sentenciosamente a neurologista. Depois da camisola de náilon amarelo, de fato me daria prazer voltar a usar uma camisa xadrez, velhas calças e o pulôver deformado, não fosse o pesadelo de vesti-los. Ou melhor, de vê-los passar, depois de mil contorções, por cima desse corpo flácido e desarticulado que não me pertence mais senão para me fazer sofrer.

Quando fiquei prontinho, o ritual pôde começar. Dois gaiatos me agarraram pelos ombros e pelos pés, me levantaram da cama e me depuseram na cadeira, sem grandes delicadezas. De simples doente eu me transformara em inválido, assim como em tauromaquia o *novillero* se transforma em *torero* depois de passar pela cerimônia da *alternativa*. Não me aplaudiram, mas quase. Meus padrinhos me levaram a dar uma volta pelo andar, para confirmar se aquela posição não provocava espasmos incontroláveis, mas eu fiquei bem quieto, ocupadíssimo que estava em avaliar a brutal depreciação de minhas perspectivas para o futuro. Só precisaram mesmo calçar minha cabeça com uma almofada especial, pois eu cabeceava como mulher africana, quando lhe tiram a pirâmide de argolas que lhe esticou o pescoço anos a fio. "Você se deu bem com a cadeira", comentou o ergoterapeuta com um sorriso que pretendia conferir caráter de boa notícia àquelas palavras, mas elas na verdade soavam para mim como um veredicto. De súbito eu entrevia a assombrosa realidade. Tão ofuscante quanto um cogumelo atômico. Mais cortante que uma lâmina de guilhotina. Foram todos embora, três auxiliares de enfermagem me puseram de volta na cama, e eu pensei naqueles *gangsters* do cinema *noir*, que penam para meter no porta-malas o cadáver do importuno que acabaram de apagar. A cadeira ficou num canto, com jeito de abandonada, com minhas roupas jogadas no encosto de plástico azul-escuro. Antes que o último avental branco saísse, fiz sinal para que ligasse a TV bem baixinho. Estavam passando "Números e Letras", programa preferido do meu pai. Desde manhã uma chuva ininterrupta escorria pela vidraça.

A PRECE

Afinal de contas o choque da cadeira foi salutar. As coisas ficaram mais claras. Não fiz mais castelos no ar e pude liberar do silêncio os amigos que erguiam uma barreira afetuosa em torno de mim desde o tal acidente. Como o assunto não era mais tabu, começamos a falar da *locked-in syndrome*. Para começar, é uma raridade. Não consola muito, mas a chance de cair nessa cilada infernal é a mesma que se tem de ganhar a acumulada da loto.

Em Berck, somos apenas dois com esses sintomas, e ainda por cima a minha L.I.S.[1] não é muito católica. Peço por conseguir virar a cabeça, o que em princípio não está previsto no quadro clínico. Como na maioria dos casos o paciente fica entregue à vida vegetativa, a evolução dessa patologia não é muito conhecida. Sabe-se apenas que, se o sistema nervoso resolver voltar a funcionar, isso vai acontecer na velocidade com que um

---
1. L.I.S.: *Locked-in syndrome*.

cabelo cresceria a partir da base do encéfalo. Portanto, ainda podem transcorrer alguns anos antes que eu consiga mexer os dedos dos pés.

Na verdade, é na região das vias respiratórias que devem ser esperadas eventuais melhoras. A longo prazo, há a esperança de recuperar maior normalidade alimentar, sem uso de sonda gástrica, respiração natural e algum soprozinho que ponha para vibrar as cordas vocais.

Por ora, eu seria o mais feliz dos homens se conseguisse engolir convenientemente o excesso de saliva que me invade a boca sem parar. O dia ainda não raiou, e eu já estou exercitando a língua, fazendo-a deslizar pela parte de trás do céu da boca para provocar o reflexo da deglutição. Além do mais, consagrei à minha laringe os saquinhos de incenso que estão dependurados na parede, ex-votos trazidos do Japão por amigas viageiras e crentes. É uma das pedras do monumento de ação de graças erigido pelos que me cercam, ao sabor das peregrinações. Em todas as latitudes terão sido invocados em meu favor os espíritos mais diversos. Tento pôr um pouco de ordem nesse vasto movimento de almas. Se eu for informado de que, em minha intenção, algumas velas foram acesas numa capela bretã ou foi entoado algum mantra num templo nepalês, imediatamente designo um objetivo preciso para essas manifestações espirituais. Foi assim que confiei meu olho direito a um marabu camaronês, a quem uma amiga delegou a tarefa de obter para mim a mansuetude dos deuses africanos. Quanto aos problemas de audição, recorro às boas relações que uma sogra de coração devoto mantém com os monges de uma confraria de Bordeaux. A mim eles dedicam regularmente seus rosários, e eu às vezes entro furtivamente na abadia para ouvir os cânticos subirem rumo aos céus. Isso ainda não deu nenhum resultado extraordinário, mas, quando sete irmãos da mesma ordem foram assassinados por fanáticos islamitas, tive dor de ouvidos durante vários dias. Contudo, essas grandes proteções não passam de muralhas de argila, de muros de areia, de linhas Maginot, perto da oraçãozinha que minha filha Céleste recita todas as noites a seu Senhor, antes de dormir. Como adormecemos mais ou menos na mesma hora, embarco para o reino dos sonhos com esse maravilhoso viático que me livra de todos os encontros funestos.

O BANHO

Às oito e meia chega a fisioterapeuta. Silhueta esportiva e perfil de moeda romana, Brigitte vem pôr para funcionar braços e pernas conquistados pela ancilose. Dão a isso o nome de "mobilização", e essa terminologia marcial é ridícula diante da magreza da tropa: trinta quilos a menos em vinte semanas. Eu não esperava um resultado desses quando entrei em regime, oito dias antes do tal acidente. De passagem, Brigitte verifica se algum estremecimento porventura não vem anunciar uma melhora. "Tente agarrar minha mão", pede ela. Como às vezes tenho a ilusão de estar movimentando os dedos, concentro minha energia para esmagar-lhe as falanges, mas nada se mexe, e ela deposita minha mão inerte sobre o quadrado de espuma que lhe serve de estojo. Na verdade, as únicas mudanças dizem respeito à cabeça. Agora já posso fazê-la girar noventa graus, e meu campo visual vai do telhado de ardósia do prédio vizinho ao curioso Mickey de língua pendente que meu filho Théophile desenhou quando eu ainda não conseguia entreabrir a boca. À força de exercícios, chegamos agora ao ponto de nela conseguir introduzir uma chupeta. Como disse a neurologista: "É preciso ter muita paciência." A sessão de fisioterapia termina com uma massagem facial. Com seus dedos tépidos, Brigitte percorre todo o meu rosto, a zona estéril, que me parece ter consistência de pergaminho, e a parte inervada, onde ainda consigo franzir uma sobrancelha. Como a linha de demarcação passa pela boca, só esboço meios sorrisos, o que corresponde razoavelmente às flutuações do meu humor. Assim, um episódio doméstico como a toalete pode inspirar em mim sentimentos variados.

Num dia, acho divertido, aos quarenta e quatro anos, estar sendo lavado, revirado, esfregado e posto em cueiros como um bebê. Em plena regressão infantil, chego até a sentir nisso um vago prazer. No dia seguinte, tudo isso me parece patético ao extremo, e uma lágrima rola pela espuma do creme de barbear que um atendente espalha sobre minhas faces. O banho semanal, então, me imerge ao mesmo tempo em abatimento e felicidade. Ao delicioso instante em que mergulho na banheira logo sucede a saudade dos grandes banhos que eram o luxo da minha antiga vida. Munido de uma xícara de chá ou de um uísque, de um bom livro ou de uma pilha de jornais, eu me deixava estar de molho muito tempo, a manobrar as torneiras com os dedos dos pés. São poucos os momentos em que, lembrando esses prazeres, sinto com tanta crueldade a minha condição atual. Felizmente, não tenho tempo de me aprofundar. Logo me levam de volta ao quarto, a tremelicar sobre uma maca confortável como cama de faquir. É preciso estar vestido dos pés à cabeça até as dez e meia, pronto para descer à sala de reabilitação. Recusando-me a adotar o infame estilo *jogging* recomendado pela casa, retomo minhas velhas roupas de estudante anacrônico. Assim como o banho, meus velhos coletes poderiam abrir pistas dolorosas em minha memória. Mas neles prefiro ver um símbolo de que a vida continua. E a prova de que desejo continuar sendo eu mesmo. Já que é para babar, que seja em *cashmere*.

## O ALFABETO

Gosto muito das letras do meu alfabeto. À noite, quando a escuridão é demais, e o único vestígio de vida é o pontinho vermelho da luzinha do televisor, vogais e consoantes dançam para mim uma farândola de Charles Trenet: *"De Venise, ville exquise, j'ai gardé le doux souvenir..."* De mãos dadas, elas atravessam o quarto, giram em torno da cama, percorrem a janela, serpeiam sobre a parede, vão até a porta e saem para dar uma volta.

E S A R I N T U L O M D P C F B V H G J Q Z Y X K W

A aparente desordem desse alegre desfile não é fruto do acaso, mas de cálculos inteligentes. Mais que um alfabeto, é uma *hit-parade* em que cada letra é classificada em função de sua frequência na língua francesa. Assim, o E vai caracolando na frente, e o W enganchado atrás para não ser largado pelo pelotão. O B bronqueia porque ficou perto do V, com o qual é sempre confundido. O orgulhoso J se espanta por estar tão longe, ele que começa tantas frases*. Envergonhado porque o H não hesitou em lhe roubar o lugar, o gordo G vai grunhindo de raiva, e, o tempo todo no "tu lá tu cá", o T e o U saboreiam o prazer de não terem sido separados. Toda essa reclassificação tem um porquê: facilitar a tarefa de todos os que quiserem tentar comunicar-se diretamente comigo.

O sistema é bem rudimentar. Meu interlocutor desfia diante de mim o alfabeto versão ESA... até que, com uma piscada, eu o detenha na letra que é preciso anotar. Aí recomeça a mesma manobra para as letras seguintes e, não havendo erro, depressinha conseguimos uma palavra inteira, depois segmentos de frases mais ou menos inteligíveis. Essa é a teoria, as instruções de uso, a nota explicativa. Mas há a prática, a irreflexão de uns e o bom-senso de outros. Nem todos agem da mesma maneira diante do código, como também se chama esse método de tradução de meus pensamentos. Quem costuma fazer palavras cruzadas e jogar mexe-mexe ganha disparado. As garotas se saem melhor que os garotos. De tanto praticar, algumas conhecem o jogo de cor e nem usam o sacrossanto caderno, metade memento, para lembrar a ordem das letras, metade bloco de notas, onde são registradas todas as minhas frases, como oráculos de pitonisa.

---

* Alusão ao pronome *je* (eu). (N. do T.)

Aliás, eu me pergunto a que conclusões chegarão os etnólogos do ano três mil, se por acaso folhearem esses cadernos onde se encontram, de cambulhada, numa mesma página, frases como: "A físio está grávida", "Principalmente nas pernas", "É Arthur Rimbaud", e "A França jogou mal pra burro". Tudo isso entremeado de patacoadas incompreensíveis, palavras malcompostas, letras perdidas e sílabas desarrimadas.

Os emotivos são os que se perdem mais depressa. Com a voz em surdina, adivinham o alfabeto a mil por hora, anotam algumas letras a esmo e, diante do resultado sem pé nem cabeça, exclamam com o maior descaro: "Sou uma nulidade!" Afinal de contas, até que é repousante, pois eles acabam assumindo toda a conversa, fazendo perguntas e dando respostas sem que eu precise ficar instigando. Tenho mais medo dos evasivos. Se pergunto: "Como vai?", respondem "Bem", e no ato já me passam a jogada. Com esses, o alfabeto vira tiro de barragem, e é preciso ter duas ou três perguntas prontas de antemão para não soçobrar. Os pés de boi é que nunca se enganam. Anotam todas as letras, escrupulosamente, e nunca procuram penetrar o mistério de uma frase antes que ela esteja terminada. Nem pensar em completar uma palavra sequer. Com o pescoço na forca eles não acrescentarão por iniciativa própria o "melo" ao "cogu", o "mico" que segue o "atô" e o "nável" sem o qual não há como acabar o "intermi" nem o "abomi". Essa lentidão torna o processo enfadonho, mas pelo menos são evitados os contrassensos em que se atolam os impulsivos quando deixam de confirmar suas intuições. No entanto, entendi a poesia desses trocadilhos no dia em que, como eu pedisse meus óculos (*lunettes*), alguém me perguntou com grande elegância o que eu queria fazer com a lua (*lune*)...

A IMPERATRIZ

Já não há muitos lugares na França onde se cultiva a memória da imperatriz Eugênia. Na grande galeria do Hospital de Berck, espaço imenso e sonoro por onde cinco carrinhos ou cadeiras de rodas podem rolar lado a lado, uma vitrina lembra que a esposa de Napoleão III foi madrinha do estabelecimento. As duas principais curiosidades desse micromuseu são um busto em mármore branco, que nos restitui, no viço da juventude, essa alteza decaída que morreu aos noventa e quatro anos, meio século depois do fim do Segundo Império, e a carta em que o subchefe da estação de Berck conta ao diretor do *Correspondant maritime* a curta visita imperial de 4 de maio de 1864. Dá até para ver a chegada do trem especial, o rebuliço das jovens que acompanham Eugênia, a travessia da cidade pelo alegre cortejo e, no hospital, a apresentação dos pequenos pacientes à sua ilustre protetora. Durante certo tempo, não perdi nenhuma oportunidade de ir cumprir minhas devoções diante daquelas relíquias.

Vinte vezes reli a narrativa do ferroviário. Misturava-me ao bando tagarela das damas de honra e, enquanto Eugênia passava de um pavilhão ao outro, eu ia seguindo seu chapéu de fitas amarelas, sua sombrinha de tafetá e o rastro deixado pela água-de-colônia do perfumista da corte. Em certo dia de muito vento ousei aproximar-me e enterrar a cabeça nas pregas de seu vestido de gaze branca, com largas listras acetinadas. Era macio como creme de leite batido, tinha o frescor do orvalho da manhã. Ela não me repeliu. Passou os dedos pelos meus cabelos e disse baixinho: "Coragem, meu filho, é preciso ter muita paciência", com um sotaque espanhol parecido com o da neurologista. Não era mais a imperatriz dos franceses, mas uma divindade consoladora no estilo de Santa Rita, padroeira das causas perdidas.

Depois disso, certa tarde em que confiava minhas tristezas ao seu retrato, uma figura desconhecida veio intrometer-se entre nós dois. Num reflexo da vitrina apareceu um rosto de homem que parecia ter pernoitado em barril de dioxina. A boca era torta, o nariz amarrotado, o cabelo desgrenhado, o olhar apavorado. Um olho estava costurado, e o outro arregalado como o olho de Caim. Por um minuto fixei aquela pupila dilatada sem entender que simplesmente era eu mesmo.

Fui então invadido por estranha euforia. Não só estava exilado, paralisado, mudo, meio surdo, privado de todos os prazeres e reduzido a uma existência de medusa, como também estava horroroso de ver. Fui tomado pelo acesso de riso nervoso que o acúmulo de catástrofes sempre acaba por provocar quando decidimos tratar o último golpe do destino como piada. Meus estertores de bom humor inicialmente desconcertaram Eugênia, até que ela cedeu ao contágio de minha hilaridade. Rimos até chorar. A fanfarra municipal começou então a tocar uma valsa, e eu estava tão alegre que até me levantaria para convidar Eugênia a dançar se isso fosse de molde. Teríamos volteado sobre os quilômetros de ladrilhos. Desde esses acontecimentos, quando enveredo pela grande galeria, parece-me entrever na imperatriz certo arzinho maroto.

# CINECITTÀ

Para os barulhentos ultraleves que sobrevoam a côte d'Opale, a cem metros de altitude, o Hospital de Berck oferece um espetáculo fascinante. Com suas formas maciças e complicadas, as paredes altas de tijolo marrom no estilo das casas do Norte, ele parece ter caído no meio da areia, entre a cidade de Berck e as águas acinzentadas do canal da Mancha. No frontão da fachada mais bonita pode-se ler: "Cidade de Paris", como nos banhos públicos e nas escolas comunais da capital. Criado no Segundo Império para as crianças doentes que não podiam contar com um clima reparador nos hospitais parisienses, esse anexo conservou o *status* de extraterritorialidade.

Se a realidade nos situa em Pas-de-Calais, para a Assistência Pública estamos às margens do Sena.

Interligados por passadiços intermináveis, os prédios formam um verdadeiro labirinto, e não é raro cruzar com um paciente de Ménard perdido em Sorrel, nomes de dois famosos cirurgiões que servem para designar os principais pavilhões. Os infelizes têm olhar de criança arrancada aos braços da mãe e, tremendo sobre as muletas, vão proferindo pateticamente "Estou perdido!". Eu, que sou um "Sorrel", como dizem os padioleiros, por aqui me oriento muito bem, mas isso nem sempre acontece com os amigos que me rebocam, e eu já peguei o costume de permanecer impassível diante dos tropeços dos neófitos quando nos entranhamos em caminho errado. Essa pode ser uma oportunidade de descobrir um recanto desconhecido, de entrever rostos novos, de roubar de passagem um odor de cozinha. Foi assim que deparei com o farol numa das primeiras vezes em que empurravam minha cadeira de rodas, logo depois que saí das brumas do coma. Ele apareceu na virada de uma caixa de escada por onde andávamos perdidos: aprumado, robusto e protetor com sua libré de listras vermelhas e azuis que lembra malha de rúgbi. Imediatamente me pus sob a proteção desse símbolo fraterno que vela pelos marinheiros e pelos doentes, estes náufragos da solidão.

Estamos em contato permanente, e eu lhe faço visitas frequentes sempre que me conduzem à Cinecittà, região essencial de minha geografia imaginária do hospital. Cinecittà são os terraços sempre desertos do pavilhão Sorrel. Voltados para o sul, esses vastos balcões dão para um panorama de onde emana o encanto poético e defasado dos cenários de cinema. Os arrabaldes de Berck parecem maquete para trem elétrico. Ao pé das dunas, algumas barracas dão a ilusão de cidade fantasma do Far West. Quanto ao mar, sua espuma é tão branca que ele parece saído de um estúdio de efeitos especiais. Eu passaria dias inteiros em Cinecittà. Ali sou o maior realizador de todos os tempos. No lado da cidade, filmo de novo o primeiro plano de *A marca da maldade*. Na praia, refaço os *travellings* de *No tempo das diligências*, e em alto-mar recrio a tempestade dos contrabandistas de *Moonfleet*. Ou então me dissolvo na paisagem, e nada mais tenho para ligar-me ao mundo além de uma mão amiga a acariciar-me os dedos adormecidos. Sou *Pierrot le fou*, com o rosto pintado de azul e um rosário de dinamite enrolado na cabeça. A tentação de riscar um fósforo passa com a velocidade de uma nuvem. Além do mais, é a hora em que o dia declina, em que o último trem parte para Paris, em que é preciso voltar para o quarto. Espero o inverno. Bem agasalhados, poderemos ficar até a noite, ver o sol se pôr e o farol tomar-lhe o lugar, lançando clarões de esperança para todos os horizontes.

OS TURISTAS

Depois de receber, logo após a guerra, as pequenas vítimas das últimas devastações da tuberculose, Berck foi abandonando aos poucos sua vocação infantil. Pode-se dizer que hoje ele combate mais as misérias da velhice, inexorável deterioração do corpo e do espírito, porém a geriatria é apenas uma parte do afresco que se deve esboçar para dar uma ideia exata da clientela do estabelecimento. Numa das extremidades do quadro há uns vinte comas permanentes, pobres-diabos imersos numa noite sem fim, às portas da morte. Nunca saem do quarto. No entanto, todos sabem que estão lá, e eles pesam estranhamente na coletividade, como consciência pesada. No extremo oposto, ao lado da colônia de velhinhos desvalidos, encontram-se alguns obesos de aparência feroz, cujas consideráveis dimensões a medicina espera reduzir. No centro, um impressionante batalhão de estropiados constitui o grosso da tropa. Salvados do esporte, das estradas e de todos os tipos de acidentes domésticos possíveis e imagináveis, eles transitam por Berck durante o tempo necessário ao conserto de seus membros quebrados. Chamo-os de "turistas".

Finalmente, se quisermos que o quadro fique completo, será preciso escolher um canto para nós, voadores de asas quebradas, papagaios sem voz, aves de mau agouro que fizemos nosso ninho num dos corredores sem saída do setor de neurologia. Evidentemente, enfeamos a paisagem. Sei muito bem do leve mal-estar que provocamos quando, rígidos e silenciosos, atravessamos um círculo de doentes menos desfavorecidos.

Para observar esse fenômeno, o melhor posto é a sala de fisioterapia, onde ficam misturados todos os pacientes que fazem exercícios de reabilitação. É um verdadeiro Pátio dos Milagres, ruidoso e colorido. Em meio à algazarra de talas, próteses e aparelhos mais ou menos complexos, convive-se com um rapaz de brinco que se arrebentou na moto, uma vovozinha de agasalho esportivo fluorescente que está reaprendendo a andar depois que caiu de um banquinho, e um meio-mendigo que ninguém ainda entendeu direito como conseguiu que o metrô lhe arrancasse um pé. Em perfeito alinhamento, essa humanidade agita braços e pernas debaixo de uma vigilância relaxada, enquanto eu fico amarrado a um plano inclinado que vai sendo progressivamente posto na vertical. Assim, todas as manhãs passo meia hora suspenso, numa hierática posição de sentido que lembra a aparição da estátua do Comendador no último ato do *Don Giovanni* de Mozart. Lá embaixo, risos, piadas, interpelações. Gostaria de estar fazendo parte de toda aquela alegria, mas, assim que pouso meu único olho sobre eles, rapaz, vovó, mendigo, todos viram a cabeça e sentem uma necessidade urgente de contemplar o detector de incêndio que está preso ao teto. Os "turistas" devem ter muito medo de fogo.

O SALAME

Todos os dias, depois da sessão de verticalização, um padioleiro me tira da sala de fisioterapia e me estaciona no quarto, onde fico à espera de algum atendente que venha me pôr na cama. E todos os dias, meio-dia cravado, o mesmo padioleiro me lança um "bom apetite" com jovialidade calculada, jeito de se despedir até o dia seguinte. Obviamente, isso equivale a desejar "Feliz Natal" em 15 de agosto ou "Boa noite" em pleno dia! Em oito meses, não engoli nada mais nada menos que algumas gotas de água com limão e meia colher de iogurte, que se extraviou ruidosamente pelas vias respiratórias. O ensaio alimentar, como foi enfaticamente batizado esse banquete, não se revelou satisfatório. Mas, que ninguém se preocupe, nem por isso estou morto de fome. Através de uma sonda que chega até o estômago, dois ou três frascos de uma substância amarronzada suprem as minhas necessidades calóricas cotidianas. Quanto ao prazer, apelo para a lembrança viva de sabores e odores, inesgotável reservatório de sensações. Não existia a arte de bem aproveitar os restos? Eu cultivo a de cozinhar lembranças em fogo lento. Posso sentar-me à mesa a qualquer hora, sem etiqueta. Se for um restaurante, não há necessidade de reserva. Se sou eu que cozinho, tudo sai ótimo. O *bourguignon* está macio, o bife *en gelée* translúcido, e a torta de damasco tem o grau certo de acidez. Dependendo do humor, ofereço-me uma dezena de *escargots*, um chucrute *garni* e uma garrafa do dourado *gewurtztraminer "Cuvée vendanges tardives"*; ou então degusto um simples ovo quente onde mergulho palitos de pão com manteiga salgada. Que regalo! A gema vai invadindo o céu da boca e a garganta no seu escoar longo e tépido. E nunca tenho problemas de digestão. Evidentemente, emprego os melhores produtos: legumes fresquíssimos, peixes recém-pescados, carnes muito bem temperadas. Tudo deve ser preparado como manda o figurino. Para maior segurança, um amigo me mandou a receita da verdadeira *andouillette* de Troyes, com três carnes diferentes em embutido fino. Também respeito escrupulosamente o ritmo das estações. Por ora, refresco-me as papilas com melão e frutos vermelhos. As ostras e as carnes ficam para o outono, se continuar a vontade, pois estou ficando moderado, pode-se dizer até ascético. No começo deste longo jejum, a falta que sentia me impelia a visitar continuamente o meu guarda-comida imaginário. Era uma verdadeira bulimia. Hoje, poderia quase ficar satisfeito com o salame artesanal que, amarrado em seu barbante, está sempre a pender num cantinho da minha cabeça. Um *rosette de Lyon* de forma irregular, bem seco e cortado em fatias grossas. Deixo cada pedaço amolecer um pouco sobre a língua antes de mastigar, para extrair bem todo o sabor. Essa delícia também é um objeto sagrado, um fetiche cuja história data de quase quarenta anos. Eu ainda estava na idade das balinhas, mas já preferia a charcutaria, e a enfermeira de meu avô materno notara que, a cada uma de minhas visitas ao sinistro apartamento do *boulevard* Raspail, eu pedia salame com um encantador ceceio. Hábil na arte de lisonjear a gula de crianças e anciãos, a diligente governanta acabou matando dois coelhos de uma vez quando me presenteou com um salame e se casou com meu avô, que logo depois morreu. A alegria de receber um presente daqueles foi proporcional à irritação que o casamento-surpresa causou na família. Do avô, guardei apenas uma imagem vaga, uma silhueta deitada na penumbra com o rosto severo do Victor Hugo das notas de quinhentos francos antigos, em uso na época. Revejo bem melhor o salame incôngruo no meio dos meus brinquedos e de meus livros infantis.

Receio nunca mais comer nenhum melhor.

O ANJO DA GUARDA

No crachá acolchetado ao avental branco de Sandrine, está escrito "ortofonista", mas deveria estar "anjo da guarda". Foi ela que instaurou o código de comunicação sem o qual eu estaria isolado do mundo. Mas que pena! Se a maioria dos meus amigos aprendeu e adotou o sistema, aqui no hospital só Sandrine e uma psicóloga o praticam. Por isso, no mais das vezes só conto com um magro arsenal de mímicas, piscadas e meneios da cabeça para pedir que fechem a porta, liberem algum dreno, abaixem o som da TV ou levantem um travesseiro. Nem sempre sou bem-sucedido. Ao longo das semanas, essa solidão forçada me permitiu adquirir certo estoicismo e compreender que a humanidade hospitalar se divide em dois tipos. Existe a maioria, que não passará pela soleira da porta sem tentar captar meus SOS, e os outros, menos conscienciosos, que se eclipsam, fingindo não ver meus sinais de desespero. Como aquele adorável cretino que desligou o televisor no meio da partida Bordeaux-Munique, gratificando-me com um "Boa noite" sem apelação. Além dos aspectos práticos, essa incomunicabilidade pesa um pouco. Ninguém imagina o reconforto que sinto duas vezes por dia, quando Sandrine bate à porta, põe para dentro uma carinha de esquilo arteiro e expulsa de uma vez todos os maus espíritos. O escafandro invisível que me encerra o tempo todo parece menos oprimente.

A ortofonia é uma arte que merece ser conhecida. Ninguém imagina a ginástica que a língua faz mecanicamente para produzir todos os sons do francês. Por enquanto estou tropeçando no "l", pobre redator-chefe que não sabe mais articular o nome de seu próprio jornal. Nos dias mais felizes, entre dois acessos de tosse, encontro fôlego e energia para sonorizar alguns fonemas. No meu aniversário, Sandrine conseguiu me fazer pronunciar o alfabeto de modo inteligível. Não poderiam me dar presente mais bonito. Ouvi as vinte e seis letras arrancadas do nada por uma voz rouca, vinda das profundezas do tempo. Esse extenuante exercício deu-me a impressão de ser um homem das cavernas em via de descobrir a fala. O telefone às vezes interrompe os trabalhos. Valho-me de Sandrine para ouvir a voz de algumas pessoas da família e assim apanhar no ar fragmentos de vida, como quem caça borboletas. Minha filha Céleste conta suas cavalgadas de pônei. Daqui a cinco meses, festeja-se seu nono aniversário. Meu pai explica a dificuldade que tem para se manter sobre as pernas. Está atravessando valentemente seu nonagésimo terceiro ano de vida. São esses os dois elos extremos da corrente de amor que me cerca e protege. Muitas vezes me pergunto que efeito esses diálogos de mão única exercem sobre meus interlocutores. A mim, transtornam. A esses telefonemas carinhosos eu gostaria tanto de não responder só com o silêncio. Que para algumas pessoas, aliás, é insuportável. A doce Florence não fala enquanto eu não respirar ruidosamente junto ao fone, que Sandrine mantém colado à minha orelha: "Jean-Do, você está aí?", pergunta Florence inquieta no outro lado da linha.

Devo dizer que de vez em quando já não tenho muita certeza.

A FOTOGRAFIA

Da última vez em que vi meu pai, fiz a barba dele. Foi na semana do tal acidente. Como ele não estivesse passando bem, dormi uma noite no seu pequeno apartamento de Paris, próximo às Tulherias, e pela manhã, depois de lhe preparar o café com leite, resolvi livrá-lo de uma barba de vários dias. Aquela cena ficou gravada em minha memória. Enterrado no sofá de feltro vermelho, onde tem o costume de dissecar os jornais, papai enfrenta com valentia o fogo da navalha que lhe ataca a pele distendida. Coloquei uma toalha larga em torno de seu pescoço descarnado, espalhei uma espessa nuvem de espuma sobre seu rosto, e tento não irritar demais sua epiderme estriada, cá e lá, por filetes de capilares rompidos. O cansaço afundou-lhe os olhos nas órbitas, o nariz parece mais robusto em meio aos traços emaciados, mas o homem nada perdeu de sua soberba, com o topete de cabelos brancos a coroar desde sempre sua grande estatura. No quarto, ao nosso redor, as lembranças de sua vida foram-se acumulando por estratos, até formar um desses cafarnauns de velhos, cujos segredos só eles conhecem. É uma confusão de revistas antigas, discos que ninguém ouve mais, objetos heteróclitos e fotos de todas as épocas enfiadas no caixilho de um grande espelho. Lá estão papai, vestido de marinheiro, a empurrar uma roda na ponta de um pau, antes da guerra de 14, minha filha de oito anos, vestida de amazona, e eu, em negativo branco e preto batido num campo de golfe mirim. Tinha onze anos, orelhas de abano e um ar de bom aluno meio palerma: horripilante principalmente porque eu já era um gazeteiro contumaz.

Termino meu serviço de barbeiro aspergindo no autor de meus dias a sua loção preferida. Depois nos dizemos até logo sem que ele me fale, sequer uma vez, na carta guardada em sua escrivaninha, na qual estão consignados seus últimos desejos. Desde então não nos vimos mais. Eu não saio desta minha vilegiatura em Berck, e ele, com noventa e dois anos, não tem mais pernas que lhe permitam descer as majestosas escadarias de seu prédio. Ambos somos uns *locked-in syndrome*, cada um à sua maneira: eu na minha carcaça, ele no seu terceiro andar. Agora é a mim que precisam fazer a barba todas as manhãs, e muitas vezes penso nele, quando um atendente me rala conscienciosamente as bochechas com uma lâmina de oito dias. Espero ter sido um Figaro mais cuidadoso.

De vez em quando ele me telefona, e posso ouvir sua voz cálida a tremer um pouco no fone que alguma mão valedora cola à minha orelha. Não deve ser fácil falar com um filho tendo a certeza de que ele não vai responder. Também me mandou a foto do golfe miniatura. No começo não entendi por quê. E o enigma teria continuado se alguém não tivesse tido a ideia de olhar o verso da revelação. Na minha tela de cinema interior começaram a desfilar as imagens esquecidas de um fim de semana de primavera, em que meus pais e eu fomos tomar novos ares num povoado ventoso e não muito alegre. Com sua letra trabalhada e regular, papai simplesmente anotou: *Berck-sur-Mer, abril de 1963.*

OUTRA COINCIDÊNCIA

Se perguntassem aos leitores de Alexandre Dumas em qual de suas personagens eles gostariam de reencarnar, os votos iriam para D'Artagnan ou para Edmond Dantès, e ninguém teria a ideia de citar Noirtier de Villefort, figura sinistra de *O Conde de Monte Cristo*. Descrito por Dumas como um cadáver de olhar vivo, homem já quase totalmente afeiçoado para o túmulo, esse inválido profundo não faz sonhar, porém estremecer. Depositário impotente e mudo dos mais terríveis segredos, passa a vida prostrado numa cadeira com rodinhas, e só se comunica por piscar de olhos: uma piscada significa sim; duas, não. Na verdade, o paizinho Noirtier, como o chama a neta com afeição, é o primeiro caso de *locked-in syndrome*, e até hoje o único, a aparecer em literatura.

Desde que meu espírito saiu da bruma espessa em que o tal acidente o mergulhou, pensei muito no paizinho Noirtier. Eu tinha acabado de reler *O Conde de*

*Monte Cristo*, e eis que me via no coração do livro, na mais deplorável das situações. Aquela leitura nada tinha de casual. Eu alimentava o projeto, por certo iconoclasta, de escrever uma transposição moderna do romance: a vingança continuaria sendo o motor da intriga, mas os fatos se desenrolariam em nossa época, e Monte Cristo seria mulher.

Portanto, não tive tempo de cometer esse crime de lesa-majestade. Como punição eu preferiria ser metamorfoseado em barão Danglars, em Frantz d'Épinay, em abade Faria ou, para encurtar a conversa, copiar dez mil vezes: não se brinca com obra-prima. A decisão dos deuses da literatura e da neurologia foi outra.

Certas noites tenho a impressão de que o paizinho Noirtier vem patrulhar nossos corredores, com seus longos cabelos brancos e sua velha cadeira com rodinhas, que já conta um século e precisa de uma gota de óleo. Para desviar o rumo dos decretos do destino, agora tenho em mente uma grande saga cuja testemunha-chave é um corredor de maratona, e não um paralítico. Nunca se sabe. Pode ser que funcione.

O SONHO

Em geral, não me lembro dos sonhos. Em contato com o dia, perco o fio da meada, e as imagens se dissipam inexoravelmente. Então, por que aqueles sonhos de dezembro ficaram gravados em minha memória com a precisão de um raio *laser*? Talvez seja uma das regras do coma. Como não voltamos à realidade, os sonhos não têm tempo de se evaporar, mas vão-se aglomerando e acabam formando uma longa fantasmagoria de ricochetes, como capítulos de novela. Esta noite, um daqueles episódios acode à minha mente.

Neva forte sobre o meu sonho. Uma camada de trinta centímetros de neve cobre o cemitério de automóveis que atravesso tiritando com meu amigo. Há três dias, Bernard e eu tentamos voltar à França, que está paralisada par uma greve geral. Numa estação de esportes de inverno italiana, onde fomos parar, Bernard havia encontrado um ramal de ferrovia que ia dar em Nice, mas na fronteira uma barreira de grevistas interrompeu nossa viagem e nos obrigou a descer em meio à tormenta usando sapatos leves e roupa de meia-estação. O cenário é lúgubre. Um viaduto passa por cima do cemitério de automóveis, e parece que aqueles são veículos caídos da rodovia, cinquenta metros acima, ali amontados, uns sobre os outros. Temos encontro marcado com um poderoso empresário italiano, que instalou seu QG numa das pilastras da tal ponte, longe dos olhares indiscretos. Precisamos bater a uma porta de ferro amarela que tem um aviso: PERIGO DE VIDA, com esquemas de socorro aos eletrocutados. A porta se abre. A entrada lembra os estoques de uma confecção de roupas: vestidos em cabideiros, pilhas de calças, caixas de camisas. Até o teto. Pelo cabelame, reconheço o cérbero em roupa de guerra que nos acolhe de metralhadora em punho. É Radovan Karadzic, o líder sérvio. "Meu amigo não consegue respirar", diz-lhe Bernard. Karadzic me faz uma traqueotomia num canto de mesa, depois nós descemos para o subsolo por uma luxuosa escadaria de vidro. As paredes forradas de couro fulvo, os sofás profundos e a iluminação velada dão ao escritório um ar de boate. Bernard discute com o dono do lugar, um clone de Gianni Agnelli, o elegante dono da Fiat, enquanto uma aeromoça com sotaque libanês me instala junto a um barzinho. Copos e garrafas foram substituídos por tubos de plástico dependurados do teto, como as máscaras de oxigênio dos aviões em perigo. Um *barman* me acena para que eu ponha um na boca. Obedeço. Um líquido âmbar com gosto de gengibre começa a escorrer, e sou invadido por uma sensação de calor que vai da ponta dos pés à raiz dos cabelos. Depois de certo tempo, gostaria de parar de beber e descer um pouco do banco, mas continuo engolindo longos sorvos, incapaz de gesto algum. Lanço olhares alucinados ao *barman*, para chamar sua atenção. Ele me responde com um sorriso enigmático. Ao meu redor, rostos e vozes se deformam. Bernard me diz alguma coisa, mas o som que sai em baixa rotação de sua boca é incompreensível. Em vez dele, ouço o *Bolero* de Ravel. Fui completamente drogado.

Uma eternidade depois, percebo um alvoroço de combate. A aeromoça com sotaque libanês me põe nas costas e me carrega escada acima. "Precisamos ir embora, a polícia está chegando." Lá fora, a noite caiu, e não neva mais. Um vento glacial me corta a respiração. Sobre o viaduto puseram um projetor cujo feixe luminoso vasculha as carcaças abandonadas.

"Entreguem-se, estão cercados!", grita um megafone. Conseguimos escapar, e para mim é o começo de uma longa perambulação. No meu sonho, bem que eu gostaria de fugir, mas, tão logo tenho a oportunidade, um incrível torpor me impede de sequer um passo. Estou petrificado, mumificado, vitrificado. Se o que me separa da liberdade é uma porta, não tenho forças para abri-la. Mas essa não é a única angústia. Refém de uma seita misteriosa, temo que meus amigos caiam na mesma cilada. Tento de todos os modos preveni-los, mas o sonho está perfeitamente em fase com a realidade. Sou incapaz de pronunciar qualquer palavra.

A VOZ EM "OFF"

Tive despertares mais suaves. Quando recobrei a consciência, naquela manhã de fim de janeiro, um homem estava inclinado sobre mim e costurava minha pálpebra direita com linha e agulha, como se remendasse um par de meias. Fui dominado por um medo irracional. E se, no seu elã, o oftalmo me costurasse também o olho esquerdo, único vínculo meu com o exterior, único respiradouro do meu cárcere, a viseira do meu escafandro? Por sorte não fui imerso na noite. Ele arrumou com cuidado o seu materialzinho em caixas de metal forradas de algodão e, com jeito de promotor que exige pena exemplar para um reincidente, despachou: "Seis meses." Com meu olho válido, multipliquei os sinais interrogadores, mas o homenzinho, mesmo passando seus dias a perscrutar a pupila alheia, ainda não tinha aprendido a ler olhares. Era o protótipo do doutor Que-se-ferre, altivo, ríspido, arrogante, que convoca imperativamente os pacientes para a consulta às oito, chega às nove e vai embora às nove e cinco, depois de dedicar a cada um quarenta e cinco segundos de seu precioso tempo. Fisicamente, parecia-se com o Pimentinha, cabeça redonda num corpo curto e agitado. Já pouco falante com o comum dos doentes, tornava-se literalmente fugidio com os fantasmas do meu tipo, não tendo saliva para gastar dando-nos a mínima explicação. Acabei sabendo por que ele me obturara o olho por seis meses: a pálpebra não desempenhava mais seu papel de toldo móvel e protetor, e minha córnea corria o risco de ulcerar-se.

Ao longo das semanas, eu meditava se o hospital por acaso não usaria de propósito um tipo tão rebarbativo para catalisar a surda desconfiança que o corpo médico acaba por despertar nos pacientes de longa permanência. Um bode expiatório, digamos. Se ele for embora, como estão dizendo, de que pernóstico vou poder gozar? À sua eterna pergunta: "Está vendo em dobro?", eu não teria mais o prazer solitário e inocente de ouvir-me a responder, em meu foro íntimo: "Sim, estou vendo dois babacas em vez de um."

Tanto quanto de respirar, sinto necessidade de emocionar-me, amar e admirar. A carta de um amigo, um quadro de Balthus num cartão-postal, uma página de Saint-Simon dão sentido às horas que passam. Mas, para continuar vigilante e não afundar na resignação indiferente, conservo certa dose de furor, de detestação, nem de mais nem de menos, assim como a panela de pressão tem sua válvula de segurança para não explodir.

Tá aí! "A panela de pressão"! Poderia ser o título de uma peça de teatro que eu talvez escreva um dia com base na minha experiência. Também pensei em intitular *O olho* e, evidentemente, *O escafandro*. Todos já conhecem o enredo e o cenário. O quarto de hospital onde o senhor L., pai de família na flor da idade, aprende a viver com uma *locked-in syndrome*, sequela de grave acidente vascular cerebral. A peça conta as aventuras do senhor L. dentro do universo médico e a evolução de suas relações com a mulher, os filhos, os amigos e os sócios que tem na importante agência de publicidade da qual é um dos fundadores. Ambicioso e meio cínico, não tendo até então amargado nenhum fracasso, o senhor L. aprende o que é sofrimento, assiste à derrocada de todas as certezas de que se escudara e descobre que seus parentes são uns desconhecidos. Pode-se assistir de camarote a essa lenta mutação graças a uma voz em *off*, que reproduz o monólogo interior do senhor L. em todas as situações. Só falta escrever a peça. Já tenho a última cena. O cenário está mergulhado na penumbra, com exceção de um halo de luz que circunda o leito, no meio do palco. É noite, tudo dorme. De repente, o senhor L., inerte desde que a cortina subiu, afasta lençóis e cobertas, pula da cama e dá uma volta em cena, sob iluminação irreal. Aí, tudo fica escuro, e ouve-se pela última vez a voz em *off*, o monólogo interior do senhor L.: "Merda, era sonho."

## DIA DE SORTE

Hoje o dia mal amanheceu e o azar já ataca encarniçadamente o quarto 119. Há uma meia hora o alarme do aparelho que serve para regular minha alimentação começou a soar no vazio. Não conheço nada mais estúpido e desesperador que esse bip-bip lancinante que me rói os miolos. De lambuja, a transpiração descolou o esparadrapo que fecha minha pálpebra direita, e os cílios grudentos me pinicam dolorosamente a pupila. Finalmente, para coroar tudo, a ponta da sonda urinária se soltou. Fiquei completamente inundado. À espera do socorro, cantarolo cá comigo um velho refrão de Henri Salvador: "*Viens donc, baby, tout ça c'est pas grave*"\* Aliás, chegou a enfermeira. Maquinalmente, ela liga o televisor. Propaganda. Um servidor Minitel, o "3617 Milliard", propõe-se responder à seguinte pergunta: "Você é do tipo que fica rico?"

---

\* Vem cá, baby, nada disso tem importância. (N. do T.)

## O RASTRO DA SERPENTE

Quando, por brincadeira, alguém me pergunta se planejo fazer uma peregrinação a Lourdes, respondo que já fiz. Foi no fim dos anos 70. Joséphine e eu estávamos vivendo um relacionamento suficientemente complicado para tentarmos fazer juntos uma viagem turística, um desses périplos organizados que contêm tantos germes de discórdia quantos são os minutos de um dia. Quem parte de manhã ignorando onde vai dormir à noite e não sabendo por qual caminho se chega a esse destino desconhecido, de duas uma: ou é muito diplomata ou tem infinita má-fé. Joséphine, tanto quanto eu, enquadrava-se na segunda categoria, e durante uma semana seu velho conversível azul-claro se transformou no teatro de um drama matrimonial móvel e permanente. De Ax-les-thermes, onde eu acabava de concluir uma fase de caminhadas, parêntese incôngruo numa existência devotada a tudo, menos ao esporte, até Chambre d'Amour, pequena praia da costa basca onde o tio de Joséphine tinha uma *villa*, singramos uma rota tempestuosa e magnífica através dos Pireneus, deixando atrás de nós uma esteira de "pra-começar-eu-nunca-disse-isso".

O motivo essencial de tamanho desconchavo era um grosso volume de seiscentas ou setecentas páginas, com capa preta e vermelha, donde se destacava um título bem chamativo. *O rastro da serpente* contava os feitos e as gestas de Charles Sobraj, uma espécie de guru de estrada que fascinava e esbulhava os viajantes ocidentais pelos lados de Bombaim ou de Katmandu. A história dessa serpente de origem franco-indiana era verdadeira. À parte isso, eu seria incapaz de dar qualquer detalhe, e é até possível que meu resumo seja inexato, mas me lembro bem mesmo é do domínio que Charles Sobraj exercia sobre mim também. Se, depois de Andorra, eu ainda concordava em levantar os olhos do livro para admirar alguma paisagem, quando chegamos ao pico Midi eu simplesmente me recusava a descer do carro para ir dar um passeio até o observatório. É verdade que naquele dia uma espessa névoa amarelada envolvia a montanha, diminuindo a visibilidade e o interesse da excursão. Apesar disso, Joséphine me deixou ali plantado e foi amarrar o burro duas horas no meio das nuvens. Seria para me desenfeitiçar que ela fazia questão de passar por Lourdes? Como eu nunca tinha estado naquela capital mundial do milagre, aquiesci sem opor obstáculo. De qualquer modo, na minha mente exaltada pela leitura, Charles Sobraj confundia-se com Bernadette Soubirous, e as águas do Adour misturavam-se às do Ganges.

No dia seguinte, depois de transpor um desfiladeiro que integra o circuito ciclístico francês, cuja subida me pareceu extenuante mesmo de carro, entrávamos em Lourdes debaixo de um calor sufocante. Joséphine dirigia, e eu ia no banco ao lado. E *O rastro da serpente*, grosso e deformado, pompeava no assento traseiro. Desde aquela manhã eu não ousara tocá-lo, já que Joséphine decidira que minha paixão pela tal saga exótica era uma demonstração de desinteresse por ela. Quanto às peregrinações, era o auge da temporada, e por toda a cidade só se lia "lotado". Apesar disso, fiz uma verdadeira operação pente-fino das reservas de hotel, para só ver gente a dar de ombros com desdém ou a dizer "lamentamos muito mesmo", segundo a categoria do estabelecimento. O suor colava-me a camisa às costas e – importante – o espectro de uma nova briga já pairava sobre a nossa equipagem quando o porteiro de um hotel da Inglaterra, da Espanha, dos Bálcãs, sei lá de onde, informou uma desistência com o tom sentencioso do tabelião que anuncia aos herdeiros a morte inesperada de um tio na América. Sim, havia um quarto. Abstive-me de dizer "Que milagre!", pois sentia instintivamente que ali ninguém brincava com essas coisas. O elevador era enorme, do tamanho das padiolas, e, dez minutos depois, tomando um banho de chuveiro, eu perceberia que nosso banheiro estava equipado para receber inválidos.

Enquanto Joséphine, por sua vez, fazia algumas das necessárias abluções, eu me atirava, vestido apenas com uma toalha, sobre o sublime oásis de todos os sedentos: o barzinho. Para começar, esvaziei num único gole meia garrafa de água mineral. Ó garrafa, vou sentir para sempre aquele teu gargalo de vidro sobre meus lábios secos. Em seguida preparei uma taça de champanhe para Joséphine e um gin-tônica para mim. Como tivesse cumprido minha função de *barman*, já ensaiava furtivamente uma retomada estratégica das aventuras de Charles Sobraj, mas, em lugar do efeito sedativo planejado, o champanhe devolveu vigor pleno à fibra turística de Joséphine. "Vou ver Nossa Senhora", repetiu num pulo, com a mesma veemência do escritor católico François Mauriac numa célebre foto.

E lá fomos nós para o lugar santo, debaixo de um céu pesado e ameaçador, subindo na contracorrente uma fileira ininterrupta de cadeiras de rodas conduzidas por senhoras caritativas que, ao que tudo indicava, não estavam no seu primeiro tetraplégico. "Se chover, todas para a basílica!", apregoava a irmã hospitaleira que abria o cortejo com autoridade, touca ao vento e rosário na mão. De soslaio, eu observava os doentes, mãos deformadas, rostos fechados, pacotinhos de vida encarangados sobre si mesmos. O olhar de um deles cruzou com o meu, e esbocei um sorriso, mas ele me mostrou a língua como resposta, e eu me senti corar estupidamente até as orelhas, como se surpreendido em falta. Tênis cor-de-rosa, *jeans* cor-de-rosa, camiseta cor-de-rosa, Joséphine avançava deslumbrada pelo meio de uma massa escura: os padres franceses que ainda se vestem de padre pareciam todos ter marcado encontro ali. Ela beirou o êxtase quando aquele coro de batinas entoou *"Soyez la Madone qu'on prie à genoux"*, o cântico de sua infância. Só pelo tamanho do lugar, um observador pouco atento poderia acreditar estar nas cercanias do Parc des Princes em noite de copa europeia.

Na grande esplanada, diante da entrada da gruta, uma fila de um quilômetro coleava ao ritmo lancinante das ave-marias. Eu nunca tinha visto fila como aquela, a não ser talvez em Moscou, diante do mausoléu de Lênin.

– Essa não, eu não vou pegar toda essa fila!

– É pena – retorquiu Joséphine –, faria bem para um descrente como você.

– Nada disso! É até perigoso. Imagine um cara com saúde chegando no meio de uma aparição. Vai que acontece um milagre, e ele fica paralítico...

Umas dez cabeças se voltaram para mim, para ver quem proferia frases tão iconoclastas. "Idiota", sussurrou Joséphine. Um temporal mudou o assunto. Já nas primeiras gotas brotaram mil guarda-chuvas em geração espontânea, e um cheiro de poeira quente flutuou na atmosfera.

Deixamo-nos arrastar até a basílica subterrânea João XXIII, gigantesco hangar de orações onde se reza missa das seis à meia-noite, mudando de padre a cada dois ou três ofícios. Eu havia lido num guia que a nave de concreto, mais extensa que São Pedro, de Roma, poderia abrigar vários Jumbo Jet. Seguia Joséphine por uma coxia onde havia bancos vagos, debaixo de um dos inumeráveis alto-falantes que transmitiam a cerimônia com um bocado de eco. "Glória a Deus nas alturas.., alturas.., turas..." Na hora da elevação, meu vizinho, que era um peregrino previdente, tirou da mochila uns binóculos de turfista para acompanhar de perto as operações. Outros fiéis portavam periscópios de ocasião, como os que se veem em 14 de julho, na passagem do desfile. O pai de Joséphine me contou várias vezes como começou a ganhar a vida vendendo esse tipo de objeto na saída do metrô. O que não o impedira de tornar-se um locutor notório. A partir daí, passou a empregar seu talento de camelô para descrever casamentos principescos, tremores de terra e lutas de boxe. Lá fora, a chuva cessara. O ar estava mais fresco. Joséphine pronunciou a palavra "shopping". Para fazer face àquela eventualidade, eu já havia detectado a rua larga onde as lojas de suvenires se apinhavam contíguas como num bazar oriental, com seus mostruários da mais extravagante coleção de bufarinhas religiosas.

Joséphine colecionava: frascos de velhos perfumes, quadros de cenas rurais com vaca sozinha ou em bando, pratos da comida artificial que faz as vezes de menu nas vitrinas dos restaurantes de Tóquio e, de modo mais geral, tudo o que conseguisse encontrar de mais *kitsch* nas suas numerosas viagens. Aquilo foi uma verdadeira paixão à primeira vista. Na quarta loja, calçada da esquerda, aquilo parecia estar esperando Joséphine no meio de um mistifório de medalhas beatas, cucos suíços e travessas de queijos. Era um adorável busto de gesso com uma auréola pisca-piscante como enfeite de árvore de Natal.

– Olha ela aí, a minha Nossa Senhora! – disse Joséphine, sapateando.

– Te dou de presente – disse eu logo, sem imaginar a soma que o vendedor ia me extorquir, alegando que era uma peça exclusiva. Naquela noite, festejamos a tal aquisição em nosso quarto de hotel iluminando nossas pantomimas com sua luz intermitente e sagrada. No teto, desenhava-se uma sombra fantasmagórica.

— Viu, Joséphine, acho que, chegando a Paris, é melhor a gente se separar.
— E você pensa que eu já não tinha entendido!
— Mas Jo...

Já tinha dormido. Quando a situação lhe desagradava, tinha o dom de conseguir mergulhar num sono instantâneo e protetor. Tirava uma licença da existência por cinco minutos ou várias horas. Por um momento, fiquei observando a parede por cima da cabeceira, em seu entra e sai da escuridão. Que diabo poderia levar alguém a forrar todo um aposento com juta cor de laranja?

Como Joséphine continuasse a dormir, vesti-me discretamente para dedicar-me a uma de minhas ocupações favoritas: a perambulação noturna. Era minha maneira pessoal de lutar contra os maus ventos: andar direto em frente, até a exaustão. No bulevar, adolescentes holandeses emborcavam ruidosamente canecões de cerveja. Fazendo buracos em sacos de lixo, tinham confeccionado impermeáveis para a chuva. Grades pesadas impediam o acesso à gruta, mas através delas podia-se ver o clarão de centenas de velas que estavam acabando de consumir-se. Bem mais tarde meu perambular levou-me de volta à rua das lojas de suvenires. Na quarta vitrina, uma Maria idêntica já havia tomado o lugar da nossa. Então voltei para o hotel e de bem longe vi a janela do nosso quarto piscando em meio à penumbra.

Subi pela escada, tomando cuidado para não perturbar os sonhos do vigia da noite. *O rastro da serpente* estava sobre o meu travesseiro, como uma joia em seu estojo. "Olha só", murmurei, "Charles Sobraj, eu tinha me esquecido completamente dele."

Reconheci a caligrafia de Joséphine. Um enorme "E" ocupava toda a página 168. Era o início de uma mensagem que abarcava bem uns dois capítulos do livro e o tornava completamente ilegível.

– *Eu te amo, bobão. Não faça a sua Joséphine sofrer.*

Felizmente, eu já tinha passado daquele ponto.

Quando apaguei a Nossa Senhora, o dia já começava a raiar.

## A CORTINA

Encarangado na cadeira que a mãe deles vai empurrando pelos corredores do hospital, observo meus filhos furtivamente. Se me transformei num pai meio zumbi, Théophile e Céleste, por outro lado, são bem reais: inquietos e ralhões, não me canso de olhá-los enquanto andam, simplesmente andam, ao meu lado, dissimulando com um jeito confiante o mal-estar que encurva seus ombros pequeninos. Com toalhas de papel, Théophile enxuga, sem parar de andar, os filetes de saliva que escorrem de meus lábios cerrados. Seu gesto é furtivo, ao mesmo tempo terno e temeroso, como se estivesse diante de um animal cujas reações são imprevisíveis. Quando diminuímos a marcha, Céleste enlaça-me a cabeça entre seus braços nus, cobre minha testa de beijos sonoros e repete: "É o meu papai, é o meu papai", como se fosse um encantamento. É dia dos pais. Até o tal acidente, não sentíamos necessidade de incluir esse encontro forçado em nosso calendário afetivo, mas dessa vez passamos juntos todo esse dia simbólico, decerto para demonstrar que um esboço, uma sombra, um pedaço de pai, ainda é um pai. Fico dividido entre a alegria de vê-los viver, mexer-se, rir ou chorar durante algumas horas e o medo de que o espetáculo de todos esses sofrimentos, a começar pelo meu, não seja a distração ideal para um menino de dez anos e sua irmãzinha de oito, ainda que tenhamos tomado em família a sábia decisão de não adoçar a pílula.

Vamos até o Beach Club. É assim que chamo um pedaço de duna exposta ao sol e ao vento, onde a administração teve a amabilidade de colocar mesas, cadeiras e guarda-sóis, e até de semear alguns botões-de-ouro que crescem na areia, em meio ao capim nativo. Nesta espécie de eclusa à beira-mar, entre o hospital e a verdadeira vida, pode-se sonhar que uma fada madrinha vai transformar todas as cadeiras de roda em carrinhos à vela*. "Vamos brincar de forca? Você é o enforcado", diz Théophile, e eu gostaria de responder que já basta ser paralítico, se meu sistema de comunicação não impedisse as réplicas na lata. A piadinha mais fina embota-se e gora quando perdemos vários minutos para acertá-la. Quando chega, nem nós mesmos entendemos muito bem o que parecia ter tanta graça antes do ditado laborioso, letra por letra. A regra, portanto, é evitar

---
* Tipo de triciclo movido à vela, comum em certas praias da França. (N. do T.)

essas agudezas intempestivas. Com isso, perdem-se as faíscas da conversação, aquelas palavrinhas certeiras que vão e voltam como bola em jogo de pelota basca; e incluo essa falta de humor forçada entre os inconvenientes do meu estado.

Enfim, vamos de forca, esporte nacional das classes de sétima. Encontro uma palavra, outra, e embatuco na terceira. Na verdade, não estou mais com cabeça para o jogo. Uma onda de tristeza me invadiu. Théophile, meu filho, está ali, sentadinho, com o rosto a cinquenta centímetros do meu, e eu, o pai, não tenho mais o simples direito de passar a mão naquela cabeleira vasta, de beliscar aquele cangote aveludado, de estreitar até deixar sem fôlego aquele corpinho macio e tépido. Como descrever? É monstruoso, iníquo, revoltante ou horrível? De repente, não seguro mais. As lágrimas afluem, e de minha garganta escapa um espasmo rouco que sobressalta Théophile. Não fique com medo, hominho, eu gosto de você. Continuando no seu enforcado, ele termina a partida. Faltam duas letras, ele ganhou e eu perdi. Num cantinho de caderno ele acaba de desenhar a forca, a corda e o supliciado.

Quanto a Céleste, está fazendo cabriolas sobre a duna. Ignoro se no que vou dizer se deve ver um fenômeno de compensação, mas, desde que levantar uma pálpebra começou a me parecer halterofilismo, para mim ela virou uma verdadeira acrobata. Anda de pé-coxinho, planta bananeira, faz ponte invertida e encadeia rodopios e saltos perigosos com uma flexibilidade de gata. À longa lista de profissões que aventa para o futuro, chegou a acrescentar equilibrista, depois de professora, *top-model* e florista. Após conquistar o público do Beach Club com suas piruetas, nosso projeto de *show-woman* dá início à parte cantada do espetáculo, para grande desespero de Théophile, que acima de tudo detesta aparecer. Fechado e tímido tanto quanto a irmã é exibicionista, ele me odiou cordialmente no dia em que pedi e obtive permissão para tocar o sino de entrada de sua escola. Ninguém pode prever se Théophile viverá feliz, mas com certeza viverá escondido.

Fico pensando como foi que Céleste conseguiu montar aquele repertório de canções dos anos 60. Johnny Halliday, Sylvie Vartan, Sheila, Clo-Clo, Françoise Hardy, nenhuma estrela daquela idade de ouro deixa de atender a pedidos. Ao lado dos grandes sucessos que todos conhecem, da tralha imprestável, como o tal trem de Richard Antony, que depois de trinta anos ainda não parou realmente de apitar nos nossos ouvidos, Céleste canta sucessos esquecidos que deixam como rastro a poeira das recordações. Desde a época em que eu punha sem cansar aquele quarenta e cinco rotações de Claude François no *Teppaz* de meus doze anos acho que nunca mais voltei a ouvir "Pobre menina rica". No entanto, assim que Céleste trauteia (bem desafinada, por sinal) os primeiros compassos dessa canção, voltam-me com precisão incrível todas as notas, todas as estrofes, todos os detalhes do acompanhamento vocal e orquestral, até o ruído de ressaca que dura o tempo da introdução. Revejo a capa do disco, a foto do cantor, sua camisa listrada com colarinho abotoado, que me parecia um sonho inacessível, pois minha mãe a achava vulgar. Revejo até a quinta-feira à tarde em que comprei o disco de um primo de meu pai, grandalhão legal que tinha uma loja minúscula no subsolo da estação Norte e vivia com uma bagana fincada no canto da boca. "Se sozinha nesta praia, pobre menina rica..." O tempo foi passando, e as pessoas começaram a desaparecer. Minha mãe foi a primeira a morrer, depois Clo-Clo morreu eletrocutado, e o primo gentil, cujos negócios tinham periclitado um pouco, esticou as canelas, deixando uma tribo inconsolável de crianças e animais. Meu armário está cheio de camisas de colarinho abotoado, e acho que o ponto da lojinha de discos passou para um vendedor de chocolate. Como o trem para Berck sai da estação Norte, qualquer dia talvez eu peça a alguém que vá averiguar, de passagem.

"Muito bem, Céleste!", exclama Sylvie. "Mãe, não aguento mais", rosna Théophile. São cinco horas. O carrilhão, cujo som de ordinário me parece tão amigo, adquire tom de dobre de finados quando anuncia o instante da separação. O vento levanta um pouco de areia. O mar retirou-se para tão longe que os banhistas não são mais que pontos minúsculos no horizonte. Antes de pegarem a estrada, as crianças vão espichar as pernas na praia, e nós ficamos sozinhos, Sylvie e eu, silenciosos, a mão dela apertando meus dedos inertes. Por trás dos óculos escuros que refletem um céu puro, ela chora de mansinho sobre nossas vidas implodidas.

Reencontramo-nos em meu quarto para as últimas efusões. "Tudo bem aí, meu chapa?", pergunta Théophile. O chapa tem um nó na garganta, queimadura de sol nas mãos e o cóccix esbodegado de tanto ficar na cadeira, mas teve um dia maravilhoso. E vocês, garotos, que vestígios guardarão dessas excursões pela minha infinita solidão? Partiram. O carro já deve estar correndo por Paris. Eu mergulho na contemplação de um desenho trazido por Céleste, que logo foi dependurado na parede. Uma espécie de peixe de duas cabeças, com olhos orlados de cílios azuis e com escamas multicoloridas. No entanto, o mais interessante desse desenho não são esses detalhes, mas a sua forma geral, que reproduz de modo perturbador o símbolo matemático do infinito. O sol entra e inunda o quarto. É a hora em que seus raios cintilantes vão bater em cheio na minha cabeceira. Na emoção da despedida, esqueci de fazer-lhes sinal para que fechassem a cortina. Deve vir algum enfermeiro antes do fim do mundo.

# PARIS

Afasto-me. Lenta mas decididamente. Assim como o marinheiro vê desaparecer a costa de onde zarpou para a travessia, eu sinto meu passado esvanecer-se. Minha antiga vida arde ainda em mim, mas vai-se reduzindo cada vez mais às cinzas das lembranças.

Desde que fixei domicílio a bordo deste escafandro, fiz duas viagens-relâmpago a Paris, sempre por ambientes hospitalares, para ouvir pareceres de sumidades da medicina. Na primeira vez sucumbi à emoção quando por acaso a ambulância passou diante do prédio ultramoderno onde outrora exerci a condenável atividade de redator-chefe de um famoso semanário feminino. Inicialmente reconheci o prédio vizinho, uma antiguidade dos anos 60, cuja destruição era anunciada num cartaz, e depois a nossa fachada, um espelho só, onde se refletiam nuvens e aviões. Na frente, estavam algumas dessas figuras conhecidas com quem cruzamos todos os dias durante dez anos, sem nunca poder dar-lhes um nome. Quase desatarraxei a cabeça para ver se algum rosto mais conhecido passava por lá, atrás da mulher de birote e do parrudão de avental cinzento. O destino não quis. Quem sabe se dos escritórios do quinto andar alguém não viu minha carruagem passar? Derramei algumas lágrimas na frente do bar onde às vezes ia comer o prato do dia. Posso chorar discretamente. Os outros acham que meu olho está lacrimejando.

    Da segunda vez que fui a Paris, quatro meses depois, fiquei quase indiferente. A rua já se vestira de julho, mas para mim continuávamos no inverno, e era um cenário de filme o que me projetavam por trás dos vidros da ambulância. No cinema dão a isso o nome de transparência: o carro do herói avança por uma rua que desfila numa parede do estúdio. Grande parte da poesia dos filmes de Hitchcock está na utilização dessa técnica, nos tempos em que ainda era imperfeita. Minha travessia de Paris, em si, deixou-me neutro. E no entanto tudo estava lá. As donas de casa com vestidos floridos e os adolescentes de patins. O ronco dos motores dos ônibus. As imprecações dos motoqueiros. A *place de l'Opéra* saída de um quadro de Dufy. As árvores tomando as fachadas de assalto e um pouco de algodão no azul do céu. Nada faltava, só eu. Eu estava em outro lugar.

O LEGUME

"Dia 8 de junho faz seis meses que minha nova vida começou. Suas cartas se acumulam no armário, seus desenhos nas paredes, e, não podendo responder a todos, tive a ideia de recorrer a estes *samizdats* para contar meus dias, meus progressos e minhas esperanças. De início quis acreditar que nada havia acontecido. No estado de semiconsciência que se segue ao coma, via--me já de volta ao turbilhão parisiense, acompanhado tão somente de um par de muletas."

Essas eram as primeiras palavras da primeira correspondência que no fim da primavera decidi enviar de Berck a meus amigos e conhecidos. Endereçada a uns sessenta destinatários, essa missiva teve certa ressonância e reparou um pouco os malefícios de outros rumores. A cidade, monstro de cem bocas e mil ouvidos, que nada sabe mas tudo diz, tinha resolvido me pregar uma peça. No *Café de Flore*, um desses redutos do esnobismo parisiense, de onde as fofocas são lançadas como se fossem pombos-correios, amigos íntimos tinham ouvido de uns cacarejadores desconhecidos o seguinte diálogo, proferido com a gula do abutre que descobre uma gazela estripada. "Está sabendo que o B. virou legume? – dizia um. – Claro, estou por dentro. Legume, é sim, legume." A palavra "legume" devia parecer saborosa ao paladar daqueles corvos, pois foi repetida várias vezes entre dois bocados de *welsh rarebit*. Quanto ao tom, dava a entender que só um idiota não estaria sabendo que agora eu privava mais do comércio das hortaliças que da companhia dos homens. Vivíamos em tempo de paz. Os portadores de falsas notícias não eram fuzilados. Se eu quisesse provar que meu potencial intelectual continuava sendo superior ao de um salsão, tinha de contar só comigo mesmo.

Assim nasceu uma correspondência coletiva que prossigo mês a mês, e que me permite estar sempre em comunhão com as pessoas de quem gosto. Meu pecado de orgulho produziu seus frutos. À parte alguns irredutíveis que mantêm um silêncio obstinado, todos entenderam que é possível encontrar-se comigo em meu escafandro, ainda que às vezes ele me leve para os confins de terras inexploradas.

Recebo cartas notáveis. Elas são abertas, desdobradas e expostas diante de meus olhos segundo um ritual que o tempo fixou e que confere à chegada do correio um caráter de cerimônia silenciosa e sagrada. Leio pessoalmente todas as cartas com grande zelo. Algumas até são muito sérias. Falam do sentido da vida, da supremacia da alma, do mistério de cada existência, e, por um curioso fenômeno de inversão de expectativas, são as pessoas com as quais eu mantinha as relações mais fúteis que tratam com mais familiaridade essas questões essenciais. A leviandade delas mascarava interesses profundos. Será que eu era cego e surdo ou será que a luz de uma desgraça se faz necessária para iluminar a verdadeira face de um homem?

Outras cartas contam, em sua simplicidade, os pequenos fatos que demarcam a fuga do tempo. São rosas colhidas no crepúsculo, a indolência de um domingo chuvoso, uma criança que chora antes de dormir. Captadas ao vivo, essas amostras de vida, essas baforadas de felicidade me comovem mais que qualquer outra coisa. Tenham elas três linhas ou oito páginas, venham do longínquo Levante ou de Levallois-Perret, guardo todas essas cartas como um tesouro. Um dia gostaria de colar todas, uma após outra, para fazer uma fita de um quilômetro, que ficaria flutuando ao vento como uma auriflama à glória da amizade.

Espantará os abutres.

O PASSEIO

Calor de chumbo. Assim mesmo gostaria de sair. Faz semanas, talvez meses, que não saio dos limites do hospital para o passeio ritual pela esplanada à beira-mar. A última vez foi no inverno. Turbilhões gélidos levantavam nuvens de areia, e enfrentando o vento alguns raros zanzadores iam oblíquos, fechados em casacos grossos. Hoje tenho vontade de ver Berck em traje de verão, a praia que conheci deserta e que dizem estar lotada, a multidão descontraída de julho. Para chegar à rua, saindo do pavilhão Sorrel, é preciso atravessar três estacionamentos cujo pavimento rugoso e irregular submete as nádegas a dura prova. Eu tinha esquecido o doze que se corta num percurso que tem placas de esgoto, valetas e carros estacionados na calçada.

Eis o mar. Guarda-sóis, pranchas de windsurfe e uma barreira de banhistas completam o cartão-postal. É um mar de férias, dócil e bem-comportado, nada a ver com o espaço infinito de reflexos acerados que se contempla dos terraços do hospital. No entanto são as mesmas concavidades e cristas, o mesmo horizonte nevoento.

Percorremos a esplanada, num vai e vem de copinhos de sorvete e de coxas carmesins. Imagino-me a lamber uma bola de sorvete de baunilha de cima de uma pele jovem e queimada pelo sol. Ninguém realmente presta atenção em mim. Em Berck a cadeira de rodas é tão banal quanto uma Ferrari em Monte-Carlo, e por todos os cantos cruza-se com pobres-diabos do meu tipo, desengonçados e chiantes. Desta vez Claude e Brice me acompanham. A primeira eu conheço há quinze dias, o segundo há vinte e cinco anos, e é estranho ouvir meu velho cúmplice contar de mim à jovem mulher que todos os dias vem tomar o ditado deste livro. Meu temperamento pavio curto, minha paixão pelos livros, meu gosto imoderado pela boa mesa, meu conversível vermelho, tudo é passado em revista. Parece até um contista a exumar lendas de um mundo submerso. "Eu não o via desse jeito", diz Claude. Meu universo agora está dividido entre os que me conheceram antes e os outros. Que figura pensarão que fui? No meu quarto não tenho nem sequer uma foto para mostrar-lhes.

Paramos no alto de uma vasta escadaria que dá para o bar da praia e para um belo alinhamento de cabines de banho de cores pastéis. A escada me lembra a grande entrada do metrô Porte-d'Auteuil por onde, menino, eu passava ao voltar da piscina, com os olhos embaciados de cloro. Molitor foi destruída há alguns anos. Quanto às escadas, para mim não passam agora de becos sem saída.

"Quer voltar?", pergunta Brice. Protesto energicamente, sacudindo a cabeça em todos os sentidos. Nem pensar em dar meia-volta antes de atingir o verdadeiro objetivo daquela expedição. Passamos depressa ao largo de um carrossel à moda antiga cujo realejo me tortura os ouvidos. Cruzamos com Fangio, uma curiosidade do hospital, onde é conhecido com esse apelido. Rígido como a justiça, Fangio não pode sentar-se. Condenado a ficar em pé ou deitado, desloca-se de bruços sobre um carrinho que ele mesmo aciona com uma rapidez surpreendente. Mas quem é de fato esse negrão com porte atlético que abre alas apregoando: "Atenção, aí vem o Fangio!"? Ele me escapa. Finalmente, chegamos ao ponto extremo do nosso périplo, bem na ponta da esplanada. Se eu quis percorrer todo este caminho, não foi para descobrir nenhum panorama inédito, mas para me repastar com os eflúvios que emanam de um modesto abarracamento na saída da praia. Estacionam minha cadeira ao ar livre, e sinto que minhas narinas vibram de prazer ao aspirar um perfume vulgar, enjoativo e absolutamente insuportável para o comum dos mortais. "Nossa!", diz uma voz atrás de mim, "que cheiro de gordura queimada."

Quanto a mim, não me canso do odor das fritas.

## VINTE A UM

É isso aí. Descobri o nome do cavalo. Chamava-se Mithra-Grandchamp.

Vincent deve estar atravessando Abbeville. Para quem vem de Paris de carro, é aí que a viagem começa a parecer comprida. À rodovia deserta e ultrarrápida sucede uma estrada de duas mãos, onde se forma uma fila ininterrupta de automóveis e caminhões.

Na época desta história, há mais de dez anos, Vincent, eu e alguns outros tínhamos a sorte inaudita de dirigir um matutino hoje desaparecido. Industrial apaixonado pela imprensa, o proprietário cometeu a derradeira audácia de confiar o "filho" à mais jovem equipe de Paris, numa época em que já se urdia o tenebroso complô político e bancário para privá-lo do título que ele havia criado cinco ou seis anos antes. Sem que soubéssemos, conosco ele estava jogando sua última cartada naquela briga, e nós investíamos todas as nossas energias naquilo.

Vincent agora está passando pelos cruzamentos onde é preciso deixar à esquerda as indicações de Rouen e Crotoy e tomar o caminho estreito que leva a Berck, passando por uma enfiada de pequenas aglomerações. Essas giratórias confundem quem não está acostumado. Vincent, porém, não perde o rumo, pois já veio me visitar várias vezes. Ao sentido de orientação, ele soma, extremado, o da fidelidade.

Portanto, estávamos o tempo todo em ação. De manhãzinha, tarde da noite, fins de semana e às vezes de madrugada, éramos cinco a executar com alegria inconsciente um trampo para uma dúzia. Vincent tinha dez grandes ideias por semana: três excelentes, cinco boas e duas desastrosas. Meu papel era de certo modo obrigá-lo a fazer uma triagem, contrariando seu temperamento impaciente, que gostaria de ver realizado na mesma hora tudo o que lhe passasse pela cabeça.

Daqui posso ouvi-lo a arreliar ao volante e a esconjurar a Viações e Obras Públicas. Dentro de dois anos a rodovia vai chegar até Berck, mas por enquanto é só um canteiro de obras que se vai percorrendo em baixa velocidade, preso atrás dos *trailers*.

De fato, a gente não se largava. Vivíamos, comíamos, bebíamos, dormíamos, amávamos, sonhávamos só pelo jornal e para o jornal. Quem teve a ideia de ir naquela tarde ao prado? Era um belo domingo de inverno, azul, frio e seco, e em Vincennes havia corrida. Nenhum de nós dois era turfista, mas o cronista de turfe tinha-nos em consideração suficiente para nos convidar à sua mesa do restaurante do hipódromo e revelar a fórmula mágica que abre as portas do mundo misterioso das corridas: uma informação de cocheira. Segundo ele, era coisa de primeira, produto garantido, e, como o Mithra--Grandchamp partia com um favoritismo de vinte por um, a coisa prometia um premiozinho interessante, bem mais que um provento de pai de família.

Lá vem Vincent chegando à entrada de Berck e, como todo o mundo, se perguntando por um momento, com angústia, que diabo veio fazer aqui.

Tinha sido um almoço divertido na grande sala de refeições que encima toda a pista de corridas e recebe, em grupos endomingados, *gangsters*, proxenetas, sentenciados em liberdade condicional e outros bons meninos que gravitam no universo do turfe. Satisfeitos e fartos, sugávamos avidamente longos charutos enquanto esperávamos o quarto páreo naquela atmosfera cálida, onde as fichas criminais crescem como planta em estufa.

Quando dá de cara com o mar, Vincent vira e sobe a grande esplanada sem reconhecer, atrás da multidão de veranistas, o cenário desértico e gelado da Berck hibernal.

Em Vincennes esperamos tanto que o páreo acabou dando a largada sem nós. O guichê de apostas foi fechado no nosso nariz antes que eu tivesse tempo de tirar do bolso o maço de notas que o pessoal da redação me confiara. Apesar das recomendações de discrição, o nome de Mithra-Grandchamp tinha percorrido todos os setores, e, de azarão desconhecido, o boato o transformara em animal lendário, no qual todos quiseram apostar. Só restava assistir à corrida e esperar que... Na entrada da última curva Mithra-Grandchamp começou a despregar. Na saída, já estava com cinco corpos de vantagem, e nós o vimos transpor a linha de chegada como num sonho, deixando o competidor mais próximo quase quarenta metros atrás. Um verdadeiro avião. No jornal, devia ser uma exaltação só na frente do televisor.

O carro de Vincent envereda pelo estacionamento do hospital. O sol está fortíssimo. É aí que os visitantes precisam ter peito para transpor, com um nó na garganta, os últimos metros que me separam do mundo: as portas de vidro que se abrem automaticamente, o elevador número 7 e o terrível corredorzinho que leva ao quarto 119. Pelas portas entreabertas só se avistam jazentes e entrevados que o destino relegou aos confins da vida. Diante desse espetáculo alguns perdem o fôlego e precisam primeiro perder-se um pouquinho, para chegar ao meu quarto com a voz mais firme e os olhos menos marejados. Quando se precipitam, finalmente, parecem mergulhadores com apneia. Sei mesmo de quem perdeu as forças ali, diante da minha soleira, e arrepiou carreira até Paris.

Vincent bate e entra bem silencioso. Ao olhar alheio já estou tão acostumado que mal reparo nos ligeiros clarões de pavor que o percorrem. Ou, em todo caso, já não me causam comoção. Com meus traços atrofiados pela paralisia tento compor aquilo que eu gostaria que fosse um sorriso de boas-vindas. A esse esgar Vincent responde com um beijo na testa. Ele não muda. Com aquela coroa de cabelos ruivos, aquelas carrancas, o corpo atarracado a dançar num pé e noutro, tem todo o jeitão do sindicalista gaulês que veio ver um companheiro vitimado por uma explosão na mina. Com a guarda meio baixa, Vincent avança como um pugilista categoria parrudo-frágil. No dia da funesta vitória de Mithra-Grandchamp, ele desabafou: "Burros. Nós somos uns burros. O pessoal do jornal vai cair de porrada em cima da gente." Era sua expressão favorita.

Para ser franco, eu tinha esquecido Mithra-Grandchamp. A lembrança dessa história acaba de acudir à minha memória, deixando um rastro duplamente doloroso. A saudade de um passado que não volta e, principalmente, o remorso pelas oportunidades perdidas. Mithra-Grandchamp são as mulheres que não soubemos amar, as chances que não quisemos aproveitar, os instantes de felicidade que deixamos escapar. Hoje me parece que toda a minha existência não terá sido senão um encadeamento desses pequenos fiascos. Uma corrida cujo resultado conhecemos, mas cujo páreo somos incapazes de embolsar. A propósito, escapamos daquela reembolsando todas as apostas.

CAÇA AO PATO

Além dos diversos inconvenientes inerentes à *locked-in syndrome*, sofro de séria desregulagem de meus porta-guimbas. Do lado direito, meu escutador está completamente avariado, e à esquerda minha trompa de Eustáquio amplifica e deforma os sons de mais de dois metros e meio de distância. Quando um avião sobrevoa a praia puxando a faixa publicitária do parque de diversões da região, eu poderia acreditar que me enxertaram um moedor de café no tímpano. Mas esse é um estrépito passageiro. Muito mais urticante é a zoada permanente que vem do corredor quando, apesar dos meus esforços de sensibilizar todo o mundo para o problema dos meus abanos, alguém deixa de fechar a porta. É salto de sapato batendo no linóleo, é carrinho se chocando, são conversas se encavalando, é gente se interpelando com voz de agente da bolsa em dia de liquidação, é rádio ligado que ninguém escuta, e, cobrindo tudo isso, uma enceradeira elétrica é a antecipação sonora do inferno. Também há pacientes terríveis. Conheço um cujo único prazer é ouvir sempre a mesma fita. Tive um juveníssimo vizinho a quem deram de presente um pato de pelúcia munido de um sistema de detecção sofisticado. Emitia uma musiquinha aguda e lancinante sempre que alguém penetrava no quarto, quer dizer, oitenta vezes por dia. Felizmente o pequeno paciente voltou para casa antes que eu começasse a pôr em prática meu plano de extermínio do pato. Assim mesmo ainda o trago na manga, pois a gente nunca sabe que cataclismos as famílias desoladas são capazes de provocar. O prêmio do vizinho mais extravagante, porém, cabe a uma doente cujos sentidos tinham sido transtrocados pelo coma. Ela mordia as enfermeiras, agarrava os atendentes pela parte viril da anatomia deles e não conseguia pedir um copo d'água sem gritar "fogo!". No começo, esses falsos alarmes desencadearam verdadeiras manobras de guerra, mas depois, rendendo-se, o pessoal acabou por deixá-la berrar à vontade a qualquer hora do dia e da noite. Essas sessões conferem ao setor de neurologia um quê de "casa de orates" até que excitante, e, quando mandaram nossa amiga gritar em outras bandas o seu "Socorro, estão me matando!", até que fiquei chateado.

Longe desse escarcéu, no silêncio reconquistado, posso ouvir as borboletas voando pela minha cabeça. É preciso muita atenção e até certo recolhimento, pois o seu adejar é quase imperceptível. Uma respiração mais forte basta para abafá-las. Aliás, é espantoso. Minha audição não melhora, mas eu as ouço cada vez mais. De fato, as borboletas devem dar-me ouvidos.

DOMINGO

Pela janela, avisto as fachadas de tijolo ocre a se iluminarem sob os primeiros raios de sol. A pedra assume exatamente o matiz rosado da gramática grega de Rat, lembrança do tempo de colégio. Não fui brilhante helenista, até pelo contrário, mas gosto desse matiz cálido e profundo que ainda me abre um universo de estudos, onde se convive com o cão de Alcibíades e com os heróis das Termópilas. Os comerciantes de cores dão-lhe o nome de "rosa antigo". Nada a ver com o rosa esparadrapo dos corredores do hospital. Muito menos com o malva que recobre plintos e envasaduras do meu quarto. Que mais parece embalagem de perfume ruim.

É domingo. Pavoroso domingo em que, se por azar nenhum visitante se fizer anunciar, acontecimento algum de espécie alguma virá romper a indolente sucessão das horas. Nada de fisioterapeuta nem de ortofonista nem de psicóloga. Uma travessia do deserto, tendo como único oásis uma lavadinha ainda mais sucinta que de costume. Nesses dias, o efeito retardado das libações do sábado à noite, conjugado à saudade dos piqueniques em família, das partidas de tiro ao prato ou da pesca ao lagostim, impossíveis por causa do plantão, mergulha as turmas de atendimento num torpor mecânico, e a sessão de lavagem tem mais de escorchamento que propriamente de hidroterapia. Uma dose tripla da melhor loção não basta para mascarar a realidade: fede-se.

É domingo. Se for o caso de pedir que liguem o televisor, não se pode errar o alvo. Assunto altamente estratégico. Sim, porque podem passar-se três ou quatro horas antes do retorno da boa alma capaz de mudar de canal, e às vezes é melhor renunciar a um programa interessante quando ele é seguido por uma novela chorosa, por um jogo insípido e por uma mesa-redonda cheia de gritos. Os aplausos sem quê nem para quê me arrebentam os ouvidos. Prefiro a quietude dos documentários sobre arte, história ou animais. Olho-os sem ouvir os comentários, como quem contempla o fogo da lareira.

É domingo. O sino badala gravemente as horas. Na parede, o pequeno calendário da Assistência Pública, cujas folhas vão sendo arrancadas dia após dia, já indica que é agosto. Por qual paradoxo o tempo, imóvel aqui, corre ali desenfreadamente? No meu universo encolhido as horas se espicham e os meses passam como relâmpagos. Não me conformo de estar em agosto. Amigos, mulheres, filhos se dispersaram no vento das férias. Em pensamento, entro sorrateiro nas barracas onde eles se aboletaram para o verão, e azar meu se esse giro me dilacera um pouco o coração. Na Bretanha, uma revoada de crianças chega de bicicleta do mercado. Todos os rostos iluminados por sorrisos. Algumas há tempos já chegaram à idade dos grandes cuidados, mas por aqueles caminhos orlados de rododendros todos podem reencontrar a inocência perdida. Hoje à tarde vão dar a volta na ilha de barco. O motorzinho vai ter de lutar contra as correntes. Alguém se deitará na parte da frente do barco, fechará os olhos e deixará o braço arrastar-se ao sabor da água fria. No sul, é preciso internar-se no oco das casas torturadas pelo sol. Os cadernos se enchem de aquarelas. Um gatinho de pata quebrada procura os cantos sombrosos de um jardim de padre e, mais longe, na Camargue, uma nuvem de novilhos cruza ao largo de um banhado de onde sai um perfume de anis. Em todos os lugares se aceleram os preparativos para o grande encontro familiar que de antemão provoca um bocejo de desânimo em todas as mamães, mas que para mim assume feição de rito fantástico e esquecido: o almoço.

    É domingo. Perscruto os volumes que se empilham no parapeito da janela e formam uma pequena biblioteca bastante inútil, pois hoje ninguém virá ler para mim.

Sêneca, Zola, Chateaubriand, Valery Larbaud estão ali, a um metro, cruelmente inacessíveis. Uma mosca toda preta pousa no meu nariz. Contorço a cara para apeá-la. Mas ela se aferra. Os combates de luta romana já vistos nos Jogos Olímpicos não eram tão ferozes. É domingo.

## AS MOCINHAS DE HONG KONG

Adorava viajar. Por sorte, ao longo dos anos consegui armazenar um número suficiente de imagens, eflúvios e sensações para poder ir-me daqui nos dias em que um céu cor de ardósia anula qualquer perspectiva de passeio. São estranhas perambulações. O cheiro ranço de um bar nova-iorquino. O perfume de miséria do mercado de Rangum. Pedaços do mundo. A noite branca e vítrea de São Petersburgo ou a incrível incandescência do sol de Furnace Creek, no deserto de Nevada. Esta semana, é um pouco diferente. Todas as manhãs, ao alvorecer voo para Hong Kong, onde ocorre o seminário das edições internacionais do meu jornal. Continuo dizendo "meu jornal", apesar de tal formulação já se ter tornado abusiva, como se o possessivo constituísse um desses fios tênues que me ligam ao mundo que se mexe.

Em Hong Kong tenho alguma dificuldade para encontrar o caminho, pois, ao contrário de muitas outras cidades, esta eu nunca visitei. Sempre que se ofereceu a ocasião de ir, uma fatalidade maliciosa me manteve afastado desse destino. Quando eu não ficava doente na véspera da partida, perdia meu passaporte ou uma reportagem me chamava para outros céus. O acaso, em suma, fechava-me suas portas. Uma vez, dei meu lugar a Jean-Paul K., que ainda não tinha passado vários anos numa masmorra de Beirute a recitar a classificação dos *grands crus* de Bordeaux para não ficar louco. Seus olhos sorriam por trás dos óculos redondos quando me trouxe um telefone sem fio, o que na época era o cúmulo da modernidade. Eu gostava bastante de Jean-Paul, mas nunca mais revi o refém do Hezbollah, decerto com vergonha de ter escolhido para mim, naquela época, um papel de figurante num universo de plumas e paetês. Agora sou eu o prisioneiro, e ele o homem livre. E, como não conheço todos os castelos do Médoc, precisei procurar outra ladainha para povoar as horas mais vazias. Conto os países onde meu jornal é editado. Já existem vinte e oito nessa ONU da sedução.

A propósito, onde estão vocês, minhas caras confreiras, incansáveis embaixadoras do nosso *french touch*? O dia inteiro, num salão de hotel, vocês foram sabatinadas em chinês, inglês, tailandês, português e tcheco, tentando responder à mais metafísica das questões: quem é a mulher *Elle*? Agora as imagino espalhadas por Hong Kong, pelas ruas abarrotadas de néons onde se vendem computadores de bolso e tigelinhas de sopa, seguindo com seu trotinho miúdo as pegadas do nosso diretor-presidente e sua eterna gravata-borboleta, ele que conduz tudo em passo de marcha forçada. Meio Spirou*, meio Bonaparte, só para na frente dos arranha-céus mais altos, medindo-os de cima a baixo com um ar tão presunçoso que qualquer um diria que os vai engolir.

Para onde vamos, meu general? Vamos pular a bordo do hidroavião que leva a Macau para ir queimar alguns dólares no inferno, ou então, que tal subir até o bar Felix do hotel Peninsula, que foi decorado pelo *designer* francês Philippe S.? Um ataque de narcisismo me faz optar pela segunda alternativa. Eu, que detesto ser fotografado, tenho um retrato naquele luxuoso botequim aéreo, reproduzido no encosto de uma cadeira entre dezenas de outras figuras parisienses cujas fotos Philippe S. mandou tirar. Evidentemente essa operação foi realizada algumas semanas antes que o destino me transformasse em espantalho de pardais. Não sei se minha cadeira tem mais ou menos sucesso que as outras, mas, por favor, que ninguém conte a verdade ao *barman*. Esse pessoal é muito supersticioso, e aí mais nenhuma daquelas deslumbrantes chinesinhas de minissaia iria sentar-se sobre mim.

---

\* Personagem concebido por Rob-Vel para o semanário *Spirou*. É uma espécie de criado vestido de libré escarlate. (N. do T.)

## A MENSAGEM

Se aquele recanto do hospital tem um falso ar de colégio anglo-saxão, os frequentadores da cafeteria não saem do Círculo dos Poetas Desaparecidos. As moças têm olhar duro, os rapazes têm tatuagens e às vezes anéis nos dedos. Reúnem-se em suas poltronas para falar de briga e moto, acendendo um cigarro no outro. Todos parecem carregar alguma cruz sobre os ombros já encurvados, arrastar um destino miserável em que a passagem por Berck nada mais é que uma peripécia entre a infância de cão espancado e o futuro de excluído profissional. Quando dou uma volta por aquele antro esfumaçado, faz-se um silêncio de sacristia, mas não consigo ler nos olhares deles nem piedade nem compaixão.

Pela janela aberta ouve-se o palpitar do coração de bronze do hospital, o sino que faz o firmamento vibrar quatro vezes por hora. Sobre uma mesa abarrotada de xícaras vazias, jaz uma pequena máquina de escrever, com uma folha de papel rosa inserida de través. Ainda que por enquanto a página esteja virgem, tenho certeza de que dia ou outro haverá uma mensagem em minha intenção. Estou à espera.

## NO MUSEU GRÉVIN

Esta noite visitei em sonho o museu Grévin. Estava bem mudado. Ainda existiam a entrada em estilo Belle Époque, os espelhos deformadores e o gabinete fantástico, mas haviam sido eliminadas as galerias de personagens da atualidade. Numa primeira sala, não reconheci de imediato as estátuas expostas. Como o encarregado do guarda-roupa as tivesse posto em traje de passeio, precisei examiná-las uma a uma e vesti-las mentalmente com um avental branco antes de entender que aqueles sujeitos de camiseta, aquelas moças de minissaia, aquela dona de casa petrificada com seu carrinho de supermercado, aquele rapaz com capacete de motoqueiro eram, na realidade, os enfermeiros e atendentes dos dois sexos que se sucedem à minha cabeceira da manhã à noite. Todos estavam lá, fixados na cera, os delicados, os brutais, os sensíveis, os indiferentes, os ativos, os preguiçosos, aqueles com os quais há comunicação e aqueles em cujas mãos não passo de um doente a mais.

No início, alguns me aterrorizaram. Não via neles senão cérberos da minha prisão, cúmplices de um abominável complô. Depois, odiei outros, quando me torceram um braço ao me porem na cadeira de rodas, me esqueceram uma noite inteira diante do televisor, me abandonaram numa posição dolorosa apesar de minhas reclamações. Durante alguns minutos ou algumas horas eu os mataria. Depois, como o tempo acaba por engolir até os rancores mais frios, eles se transformaram em seres familiares que bem ou mal cumprem uma delicada missão: carregar um pouco a nossa cruz quando ela nos pesa demais sobre os ombros.

Enfeitei-os com apelidos que só eu conhecia, para poder interpelá-los com minha tonitruante voz interior quando entrassem no meu quarto: "*Hello*, olhos azuis! Salve, grande Duduche\*?!" Evidentemente eles não sabem de nada disso. O cara que dança em volta da minha cama e assume poses de roqueiro para perguntar "Como vai?" é David Bowie. O Fessor me faz rir com sua cabeça de criança grisalha e o ar sério que afeta para descarregar sempre a mesma frase: "Desde que nada aconteça". Rambo e Terminator, como dá para perceber, não são exatamente modelos de ternura. Prefiro a senhorita Termômetro, cuja dedicação seria exemplar se ela

---

\* Personagem de história em quadrinhos. Trata-se de uma espécie de contestador inocente. (N. do T.)

não esquecesse sistematicamente esse objeto nas dobras de minha axila.

O escultor em cera de Grévin captara de modo desigual as carrancas e carinhas dessa gente do norte, domiciliada há várias gerações entre os ventos da côte d'Opale e as terras gordas da Picardia, que tão logo se encontram a sós não deixam de falar o linguajar deles. Alguns tinham pouca semelhança com o real. Seria preciso o talento de um daqueles miniaturistas da Idade Média, cujos pincéis davam vida, como por encanto, às multidões das ruas de Flandres. Nosso artista não tem esse dom. No entanto, soube captar com ingenuidade o charme juvenil das estudantes de enfermagem, seus braços roliços de moças dos vinhedos e o matiz carmíneo que tinge suas faces cheias. Ao sair da sala, disse cá comigo: "Até que gosto desses meus carrascos."

Na sala seguinte tive a surpresa de descobrir meu quarto de hospital, aparentemente reproduzido com toda a fidelidade. De perto, porém, verificava-se que fotos, desenhos e cartazes eram um *patchwork* de cores imprecisas, um cenário destinado a criar ilusão a certa distância, como os detalhes de um quadro impressionista. Na cama, não havia ninguém, só uma concavidade no meio dos lençóis amarelos, aureolada por luz alvacenta. Aí, não tive dificuldade nenhuma para identificar as pessoas que se espalhavam pelas duas passagens estreitas que ladeavam aquela cama abandonada. Eram alguns amigos chegados que pareciam ter brotado espontaneamente em torno de mim no dia seguinte à catástrofe.

Sentado num banquinho, Michel preenchia conscienciosamente o caderno onde meus visitantes registram minhas frases. Anne-Marie arrumava um buquê de quarenta rosas. Bernard, com uma das mãos, mantinha aberto o *Diário de um adido de embaixada*, de Paul Morand, e, com a outra, fazia um gesto de advogado. Pousados na ponta do nariz, seus óculos de aro de metal completavam-lhe o ar de tribuno profissional. Florence pregava desenhos de crianças num painel de cortiça, com os cabelos negros a emoldurarem um sorriso melancólico, e Patrick, encostado a uma parede, parecia perdido em pensamentos. Desse quadro, que parecia quase vivo, emanava uma grande suavidade, uma tristeza compartilhada e uma concentração da afetuosa seriedade que sinto a cada visita desses amigos.

Quis prosseguir minha viagem, para ver se o museu me reservava outras surpresas, mas em certo corredor escuro um guarda assestou a luz de sua lanterna em cheio no meu rosto. Precisei fechar os olhos. Quando acordei, uma enfermeirazinha de verdade inclinava-se sobre mim com seus braços roliços e uma lanterna de bolso na mão: "Seu comprimido para dormir, quer agora ou daqui a uma hora?"

O FANFARRÃO

Nos bancos do liceu parisiense, onde puí meus primeiros *jeans*, sentava-me ao lado um garoto comprido e rubicundo chamado Olivier, cuja mitomania galopante tornava simpático o convívio. Com ele, não era preciso ir ao cinema. A poltrona era sempre a melhor, e ao filme nunca faltavam efeitos. Na segunda-feira, ele já nos colhia de chapa com umas histórias de fim de semana dignas das Mil e Uma Noites. Se não tinha passado o domingo com Johnny Hallyday, era porque tinha ido a Londres ver o próximo James Bond, a menos que lhe tivessem emprestado a nova Honda. As motos japonesas estavam chegando à França e inflamavam os pátios de recreio. Da manhã à noite nosso colega nos embalava com pequenas mentiras e grandes rodomontadas, sem receio de estar sempre a inventar novas histórias, mesmo que elas contradissessem as anteriores. Órfão às dez da manhã, filho único na hora do almoço, ele podia descobrir que tinha quatro irmãs à tarde, das quais uma era campeã de patinação artística. Quanto ao pai, digno funcionário público na realidade, transformava-se, conforme o dia, em inventor da bomba atômica, empresário dos Beatles ou filho incógnito do general De Gaulle. Uma vez que o próprio Olivier tinha renunciado a pôr ordem em suas embrulhadas, não caberia a nós censurar toda aquela incoerência. Quando nos servia uma gamela realmente muito indigesta, manifestávamos alguma reserva, mas ele protestava boa-fé com uns "Juro" tão indignados que a gente precisava ceder logo.

Ao fim e ao cabo, Olivier não é piloto de avião de caça nem agente secreto nem conselheiro de nenhum emir, conforme tinha projetado. Como é lógico, exerce na publicidade o seu inesgotável talento de dourador de pílulas.

Arrependo-me um pouco de tê-lo olhado com superioridade, pois agora invejo Olivier e sua maestria na arte de enganar-se com histórias. Não tenho certeza de que algum dia terei tanta facilidade, mesmo que comece a criar para mim gloriosos destinos de substituição. Quando me dá na veneta sou corredor de Fórmula 1. Com certeza já me viram em algum circuito, Monza ou Silverstone. O misterioso carro branco sem marca nem número sou eu. Deitado em meu leito, ou melhor, no meu *cockpit*, vou engolindo curvas em velocidade máxima, e minha cabeça pesadona, por causa do capacete, vai-se inclinando dolorosamente sob o efeito da gravidade. Também sou soldado numa série de televisão, sobre as grandes batalhas da História. Fiz Alésia, Poitiers, Marignan, Austerlitz e Chemin des Dames. Como fui ferido no desembarque da Normandia, ainda não sei se vou dar um pulo em Dien Bien Fu. Nas mãos da fisioterapeuta sou um *zebra* do circuito francês de ciclismo na noite de uma etapa antológica. Ela acalma meus músculos estourados pelo esforço. No Tourmalet eu simplesmente "voei". Ainda ouço o clamor da multidão na subida para o cume e, na descida, o ar assobiando nos raios do aro. Cheguei quinze minutos antes de todos os bambambãs do pelotão. "Juro!"

"A DAY IN THE LIFE"

Agora que quase chegamos ao fim do caminho, falta mencionar aquela sexta-feira, 8 de dezembro de 1995, de funesta memória. Desde o começo tenho vontade de contar meus últimos momentos de terráqueo em perfeito estado de funcionamento, mas adiei tanto que agora sinto vertigem, na hora de dar esse salto de elástico para dentro do meu passado. Já não sei por qual lado pegar aquelas horas pesadas e vãs, inapreensíveis como as gotas de mercúrio de um termômetro partido. As palavras se esquivam. Como descrever o corpo macio e tépido da morena junto à qual acordamos pela última vez sem nem prestar atenção, quase a praguejar? Tudo era cinzento, viscoso e resignado: o céu, as pessoas, a cidade estafada por vários dias de greve dos transportes públicos. À semelhança de outros milhões de parisienses, Florence e eu começávamos como zumbis, olhar vazio e feições cansadas, aquele novo dia de descida para uma barafunda inextricável. Executava maquinalmente todos os gestos simples que hoje me parecem miraculosos: fazer a barba, vestir a roupa, engolir uma tigela de chocolate. Algumas semanas antes tinha marcado aquela data para testar o novo modelo de uma indústria automobilística alemã, cujo importador poria à minha disposição um carro com motorista durante o dia inteiro. Na hora marcada, um rapaz bem treinado está esperando à porta do edifício, encostado a uma BMW cinza-metálica. Pela janela, observo o carrão maciço, suntuoso. Com minha velha jaqueta *jean*, pergunto-me que impressão vou dar naquele carango para alto executivo. Apoio a testa no vidro para sentir o frio, Florence me acaricia a nuca com delicadeza. Os adeuses são furtivos, nossos lábios mal se roçam. Já me lanço escada abaixo, pelos degraus que cheiram a encáustica. Esse vai ser o último odor dos tempos passados.

*I read the news today, oh boy...*

Entre dois boletins apocalípticos sobre o trânsito, a rádio transmite uma música dos Beatles, "A day in the life". Eu ia escrever uma "velha" música dos Beatles, puro pleonasmo, já que a última gravação deles foi em 1970. Pelo *bois de Boulogne*, a BMW desliza como tapete voador, casulo de maciez e voluptuosidade. O motorista é simpático. Conto-lhe meus planos para a tarde: ir buscar meu filho em casa da mãe dele, a quarenta quilômetros de Paris, e trazê-lo para a cidade no começo da noite.

*He did not notice that the lights had changed...*

Desde que eu abandonara o domicílio familiar em julho, Théophile e eu não tínhamos ainda estado realmente cara a cara, numa conversa de homem para homem. Planejo levá-lo ao teatro, para ver o novo espetáculo de Arias, e depois ir comer umas ostras numa cervejaria da praça Clichy. Já decidi, vamos passar o fim de semana juntos. Só espero que a greve não contrarie tais projetos.

*I'd like to turn you on...*

Gosto do arranjo desse trecho, quando toda a orquestra sobe num crescendo até a explosão da nota final. Parece um piano caindo do sexagésimo andar. Pronto: Levallois. A BMW para em frente ao jornal. Marco encontro com o motorista para as quinze horas.

Na minha escrivaninha, só um recado, mas que recado! Preciso ligar urgentemente para Simone V., ex--Ministra da Saúde, ex-mulher mais popular da França e ocupante vitalícia do escalão mais alto do Panteão imaginário do jornal. Como esse tipo de telefonema nunca é ditado pelo acaso, começo perguntando o que poderíamos ter dito ou feito para provocar alguma reação naquela personagem quase divina. "Acho que ela não ficou muito contente com a foto do último número", diz eufemisticamente meu assistente. Consulto o dito número e topo com a foto incriminada, montagem que mais ridiculariza do que valoriza nosso ídolo. Esse é um dos mistérios da nossa profissão. Trabalhamos semanas num assunto, que passa e repassa entre as mãos mais experientes, e ninguém vê a mancada, perfeitamente detectável, aliás, por um estudante de jornalismo depois de quinze dias de estágio. Cai sobre mim uma verdadeira tempestade telefônica. Como está convencida de que há anos o jornal urde um complô contra ela, tenho enorme dificuldade para convencê-la de que, pelo contrário, lá ela goza de verdadeiro culto. De ordinário, esses reparatórios ficam por conta de Anne-Marie, diretora da redação, que com todas as celebridades demonstra uma paciência de Jó, ao passo que eu, em se tratando de diplomacia, estou mais para capitão Haddock do que para Henry Kissinger. Quando desligamos, depois de quarenta e cinco minutos, sinto-me um verdadeiro capacho.

Embora seja de bom-tom achar que são reuniões "um tanto aborrecidas", as senhoras e os senhores redatores-chefes de grupo não perderiam por nada no mundo um daqueles almoços que Geronimo (também cognominado Luís XI e aiatolá por seus fãs) organiza para "pôr o papo em dia". É lá, no último andar, na mais vasta das salas reservadas às refeições da alta direção, que o grande *chef* destila em pequenas doses os sinais que permitem calcular a cota de amor de seus súditos. Entre a homenagem secundada por uma voz de veludo e a réplica seca como uma ferroada, ele possui todo um repertório de mímicas, caretas e coçaduras de barba que ao longo dos anos aprendemos a decodificar. Daquela última refeição quase não me lembro, a não ser de que bebi água à guisa de taça de condenado. No menu, acho que havia carne de boi. Talvez tenhamos contraído a doença da vaca louca, de que ainda não se falava na época. Como sua incubação é de quinze anos, dá tempo de ficar vendo chegar. A única morte anunciada era a de Mitterrand, cujas notícias mantinham Paris em suspense. Será que ele sobreviveria ao fim de semana? Na verdade, ainda viveria mais um mês inteiro. O aborrecido mesmo desses almoços é que eles são intermináveis. Quando me encontro de novo com o motorista, a tarde já começa a se pôr sobre as fachadas de vidro. Para ganhar tempo, esgueiro-me como ladrão pelo escritório, sem me despedir de ninguém. De qualquer modo, são mais de quatro horas.

– Vamos ficar presos na ratoeira.
– Desculpe.
– É mais pelo senhor...

Por um instante, tive vontade de mandar tudo passear: cancelar o teatro, adiar a visita de Théophile, enfiar-me na minha cama com um pote de queijo branco e um livro de palavras cruzadas. Decido resistir à sensação de abatimento que me atenaza.

– É só pegar a estrada.

– Como quiser.

Por mais potente que seja, a BMW empaca na balbúrdia da ponte Suresnes. Passamos ao longo do campo de corridas de Saint-Cloud, do hospital Raymond-Poincaré em Garches. Não consigo passar por lá sem ter uma recordação sinistra de infância. Quando estudava no Liceu Condorcet, um professor de ginástica nos levava ao estádio de la Marche, em Vaucresson, para aulas ao ar livre, que eu abominava mais que tudo no mundo. Um dia, o ônibus que nos transportava colheu em cheio um homem que saía correndo do hospital, sem olhar para lado nenhum. Foi um tremendo barulho, uma freada fortíssima, e o sujeito morreu na hora, deixando uma trilha de sangue sobre o vidro do ônibus. Era uma tarde de inverno como esta. À espera de que fossem feitas todas as perícias, chegou a noite. Outro motorista nos levou de volta a Paris. No fundo do ônibus, íamos cantando "Penny Lane" com voz trêmula. Sempre os Beatles. De que canções se lembrará Théophile quando tiver quarenta e quatro anos?

Depois de uma hora e meia de estrada chegamos ao destino, diante da casa onde morei durante dez anos. A neblina cobre o grande jardim por onde ressoaram tantos gritos e gargalhadas nos tempos de felicidade. Théophile nos espera na entrada, sentado na mochila, pronto para o fim de semana. Gostaria de telefonar para Florence, minha nova companheira, e ouvir sua voz, mas ela deve ter ido para a casa dos pais, acompanhar a prece da sexta-feira à noite. Tentarei ir até lá depois do teatro. Só uma vez assisti a esse ritual numa família judia. Foi ali mesmo, em Montainville, em casa do velho médico tunisiano que pôs meus filhos no mundo. A partir daí, tudo se torna incoerente. Minha visão se turva e minhas ideias se embaralham. Assim mesmo sento ao volante da BMW, concentrando-me nos clarões alaranjados do painel. Manobro em marcha lenta, e no feixe dos faróis mal distingo as curvas que já fiz milhares de vezes. Sinto o suor perolar-me a testa, e quando cruzamos com um carro vejo-o em dobro. No primeiro cruzamento encosto no meio-fio. Saio titubeante da BMW. Mal me seguro em pé. Desabo sobre o banco traseiro. Tenho uma ideia fixa: voltar à cidadezinha, onde também mora minha cunhada Diane, que é enfermeira. Semiconsciente, peço a Théophile que vá correndo buscá-la assim que chegarmos à frente da casa dela. Alguns segundos mais tarde, Diane está ali. Examina-me em menos de um minuto. Seu veredicto: "É preciso ir para a clínica. O mais depressa possível." São quinze quilômetros. Dessa vez o motorista sai cantando pneu em estilo esportivo. Sinto-me esquisitíssimo, como se tivesse engolido LSD, e digo-me que essas fantasias não são mais para a minha idade. Em nenhum instante me passa pela cabeça que talvez esteja morrendo. A caminho de Mantes, a BMW vai ronronando agudinho, e nós ultrapassamos toda uma fila, abrindo caminho a poder de buzinadas. Quero dizer alguma coisa, como: "Esperem. Vai melhorar. Não vale a pena arriscar um acidente", mas da minha boca não sai som algum, e minha cabeça balança, incontrolável. Os Beatles me voltam à memória com a canção daquela manhã. *And as the news were rather sad, I saw the photograph*. Rapidinho chega a clínica, as pessoas correm por todos os lados. Transferem-me para uma cadeira de rodas; meus membros estão bambos. As portas da BMW estalam baixinho. Algum dia alguém me disse que se conhece o bom carro pelo timbre desse clique. As lâmpadas fluorescentes dos corredores ofuscam-me a vista. No elevador, desconhecidos me dizem palavras encorajadoras, e os Beatles atacam o final de *"A day in the life"*. O piano caindo do sexagésimo andar. Antes de espatifar-se, tenho tempo para um último pensamento. É preciso cancelar o teatro. De qualquer modo, nós teríamos chegado tarde. Vamos amanhã à noite. A propósito, onde foi parar Théophile? E afundo no coma.

A VOLTA

O verão está chegando ao fim. As noites ficam mais frescas, e eu volto a esconder-me debaixo dos grossos cobertores azuis carimbados: "*Hôpitaux de Paris*". Os dias vão me trazendo de volta, cada um com seu quinhão, os rostos conhecidos que ficaram entre parênteses no tempo das férias: a camareira, o dentista, o mensageiro, uma enfermeira que se tornou avó de um menino chamado Thomas e o homem que em junho quebrou um dedo numa armação de cama. Reencontram-se marcas e hábitos, e essa primeira volta ao hospital fortalece em mim uma certeza: sem dúvida comecei uma nova vida, e é aqui, entre este leito, esta cadeira de rodas, estes corredores, que ela transcorre, em nenhum outro lugar.

Chego a resmungar a musiquinha do Canguru, hino-parâmetro de meus progressos em ortofonia:

"O Canguru pulou o muro,

O muro do zoo,

Meu Deus como era alto,
Meu Deus como era lindo."
Da volta dos outros só recebo ecos abafados. Volta às atividades artísticas, volta às aulas; é a volta do parisiense, de que logo vou saber mais coisas quando os viajantes retomarem o caminho de Berck com os alforjes cheios de novidades mirabolantes. Parece que Théophile já está circulando com aqueles tênis em cujos saltos se acende uma luzinha a cada pisada. Dá para segui-lo no escuro. Enquanto espero, saboreio a última semana de agosto com o coração quase leve, pois pela primeira vez desde muito tempo não tenho aquela horrível impressão de contagem regressiva que se inicia no começo das férias e estraga inexoravelmente a maior parte delas.

Com os cotovelos sobre a mesa rolante de fórmica que lhe serve de escrivaninha, Claude relê estes textos que vimos extraindo pacientemente do vazio todas as tardes, há dois meses. Sinto prazer em rever certas páginas. Já outras nos decepcionam. Juntando tudo dá um livro? Enquanto a ouço, fico observando seus cachos escuros, as faces muito pálidas que o sol e o vento pouco rosaram, as mãos engastadas de longas veias azuladas e a cena que se tornará imagem-lembrança de um verão passado em estudos. O caderno azul, cujos rostos de folha ela vai preenchendo com uma caligrafia exuberante e conscienciosa, o estojo escolar cheio de esferográficas, a pilha de lenços de papel prontos para as piores expectorações e a bolsa de ráfia vermelha, de onde ela extrai, vez por outra, uma moeda para ir buscar café. Pelo zíper entreaberto da bolsinha, percebo uma chave de hotel, um bilhete de metrô e uma nota de cem francos dobrada em quatro, como se fossem objetos trazidos por uma sonda espacial enviada à Terra para estudar os tipos de hábitat, de transporte e de troca comercial em vigor entre os terráqueos. Esse espetáculo me deixa desamparado e pensativo. Haverá neste cosmo alguma chave para destrancar meu escafandro? Alguma linha de metrô sem ponto final? Alguma moeda suficientemente forte para resgatar minha liberdade? É preciso procurar em outro lugar. É para lá que vou.

*Berck, julho/agosto de 1996.*